Success15 fifteen

サクセス15
April 2016

4

http://success.waseda-ac.net/

CONTENTS

特集1

特集2

REGULAR LESSONS

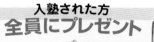

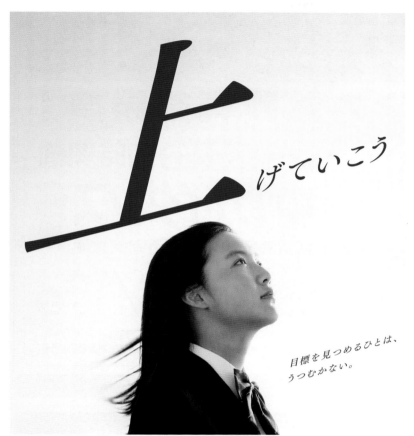

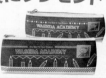

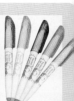

information
―インフォメーション―

早稲田アカデミー
各イベントのご紹介です。
お気軽にお問い合わせください。

新中1　新中1学力診断テスト　無料

中学入学直前の学力診断真剣勝負！

3/19（土）

▼会　場
早稲田アカデミー各校舎
▼時　間
10：00～12：40

※ 校舎により時間が異なる場合がございます。
詳しい成績帳票で個別の学習カウンセリングを実施。

スマホ・ネットで簡単申込み!!

算数(数学)・国語・英語・理科・社会の定着度を総合的に診断します。

- 到達度診断テストⅠ（算数・数学）　40分
- 到達度診断テストⅡ（国語・英語）　40分
- 到達度診断テストⅢ（理科・社会）　40分
- 新中１オリエンテーション　20分

新　保護者対象　同時開催

中1ガイダンス　無料

情報満載！早稲アカが教えます。

- 中1学習の秘訣
- 普通の子が伸びるシステム
- 部活と塾の両立のカギ
- 地域の中学校事情や入試制度

3/19（土）

※ ガイダンスのみの参加も可能です。
※ お申し込みはお近くの早稲田アカデミーまでお気軽にどうぞ。

※お申し込み・お問い合わせは、お近くの早稲田アカデミー各校舎までお気軽にどうぞ。

新中2 新中3　日曜特訓

お申し込み受付中
お近くの早稲田アカデミー各校舎までお気軽にどうぞ

一回合計５時間の「弱点単元集中特訓」！

4月～7月 実施

難問として入試で問われることの多い単元は、なかなか得点できないものですが、その一方で解法やコツを会得してしまえば大きな武器になります。早稲田アカデミーの日曜特訓は、お子様の「本気」に応える、テーマ別集中特訓講座。選りすぐりの講師陣が、日曜日の合計５時間に及ぶ授業で「分かった！」という感動と自信を、そして揺るぎない得点力をお子様にお渡しいたします。

中2必勝ジュニア

「まだ中２だから……」なんて、本当にそれでいいのでしょうか。もし、君が高校入試で開成・国立附属・早慶など難関校に『絶対に合格したい!』と思っているならば、「本気の学習」に早く取り組んでいかなくてはいけません。大きな目標である『合格』を果たすには、言うまでもなく全国トップレベルの実力が必要となります。そして、その実力は、自らがそのレベルに挑戦し、自らが努力しながらつかみ取っていくべきものなのです。合格に必要なレベルを知り、トップレベルの問題に対応できるだけの柔軟な思考力を養うことが何よりも重要です。さあ、中２の今だからこそトライしていこう!

中3日曜特訓

受験学年となった今、求められるのは「どんな問題であっても、確実に得点できる実力」です。ところが、これまでに学習してきた範囲について100%大丈夫だと自信を持って答えられる人は、ほとんどいないのではないでしょうか。つまり、誰もが弱点科目や単元を抱えて不安を感じているはずなのです。しかし、中３になると新しい単元の学習で精一杯になってしまって、なかなか弱点分野の克服にまで手が回らないことが多く、それをズルズルと引きずってしまうことによって、入試で失敗してしまうことが多いものです。真剣に入試を考え、本気で合格したいと思っているみなさんに、それは絶対に許されないこと！　ならば、自分自身の現在の学力をしっかりと見極め、弱点科目や単元として絶対克服しなければならないことをまずは明確にしましょう。そしてこの「日曜特訓」で徹底学習して自信をつけましょう。

本部教務部 03（5954）1731 までお願いいたします。

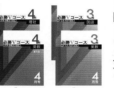

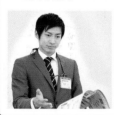

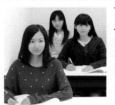

東大百景
トーダイってドーダイ!?

いつかのために
いま勉強しよう

VOL.1　text by ケン坊

はじめまして！　東京大学教養学部文科Ⅱ類2年生のケン坊と申します。今月号からこのコラムを担当しますので、よろしくお願いします！　初回のコラムでは簡単な自己紹介と、東大をめざした理由についてお話しします。

さて、大学生と聞くとみなさん「○○学部（法学部や医学部など）」という肩書きを想像すると思います。しかし、東大は少し特殊で「○○学部」という肩書きがつくのは3年生からです。2年生までは全員「教養学部」という学部で、文系の「文科Ⅰ～Ⅲ類」と理系の「理科Ⅰ～Ⅲ類」という6つのグループのうちどれかに属しています。ちなみに私は3年生から経済学部に進むことが決まっているので、もうほとんど経済学部の学生と思ってくれてOKです。

ここでもう少し私自身のことについてお話しします。みなさんは「東大生」と聞くとどのような大学生をイメージしますか？　世間のイメージでは「ガリ勉」とか「真面目」とか「運動できない」といったものが多いのではないでしょうか。

しかし私はそういったイメージとは正反対にいる東大生です。どういうことかというと、まずマッチョです。自分で言うのもかなりアレですが、マッチョなんです（写真でお見せできないのが非常に残念なところです…）。あと、真っ赤っ赤！　というほどではありませんが、髪を赤く染めています。

要するに、世間一般のイメージとはかけ離れている感じの東大生なんです。そういった点がほかにもいくつかあるので、いずれ詳しく紹介できたらいいなと思います。

では次に、「東大をめざした理由」についてです。これはひと言で表すと「夢がなかったから」です。なんだか矛盾した表現ですが、これにはある背景があります。

みなさんには将来の夢がありますか？　いきなりこう聞かれても「はい」と答えられる人は少ないかもしれません。私も高校生のころは夢というものがありませんでした。周りには「俺は弁護士になる！」とか「こういう機械を作りたい！」という夢を語る友だちが何人もいたので、なんだか取り残されたような気がして少し焦っていました。

そして、そうした焦りを当時の担任の先生に相談したところ、次のようなことを言われました。それは、「君にいま夢がないのは『やりたいことがなにもない』んじゃなくて『たくさんあるおもしろそうなことのなかから1つに絞りきれていない』だけだ。だからいま夢がなくても焦る必要はまったくない。でも『焦らなくていい』というのは『頑張らなくてもいい』というわけじゃない。もう何年か経って『本当にやりたいこと』が見つかったときに、胸を張ってそれをかなえたいと言えるように、そして周りからも応援してもらえるように、いまはとにかく一生懸命勉強しなさい」というもので、いまでも強く印象に残っています。

この言葉を受け、どうせ勉強するなら目標はとことん高くしようと東大をめざすことを決めました。しかし、東大に入っておよそ2年、色々なことを経験したものの、じつはまだ「本当にやりたいこと」は見つかっていません（笑）。

今回はこんな感じでつらつらと自分のことについて書いてみましたが、いかがでしたか？　このコラムでは勉強や大学生活など、色々なことについて話をしていこうと思います。さらに、次回からは私の周りにいる「すごい東大生」を毎回1人ずつ紹介していく予定です。ぜひとも楽しみにしていてくださいね。

世界に飛び出せ！
大学で国際教養を身につけよう

中学生のみなさんには、まだまだ大学のことなんて考えられないかもしれませんが、これからのためにちょっとだけ知ってみませんか？　今回は、グローバル社会に飛び出して活躍する力を身につけられる大学・学部・学科を紹介します。

「国際化」「グローバル化」「グローバル社会」といった言葉、テレビのニュースや新聞、もしかしたら学校でも聞いたことがありませんか？

ひと昔前に比べて海外に出るということへのハードルはとても低くなりました。

とはいえ、いまでも外国語を使いこなしたり、それまで触れたことのなかった文化に飛び込んで思い通りに行動することは、決して簡単なことではありません。

中学生のみなさんの身近にある高校受験を例にとると、多くの学校がいまでは国際教育に力を入れ、英語の授業や海外研修旅行などに工夫を凝らしています。

高校からさらに社会へと近づく大学ではなおさらです。

ここからは首都圏を中心に、そうした教育に注力している大学・学部・学科を紹介していきます。

聞いたことがある大学もそうでない大学もあることでしょう。どこも個性的でありながら、学生として入学したみなさんが、世界で活躍するために必要な力を身につけられる教育を提供しています。

早稲田大学 国際教養学部

（私立）

英語をツールに国際感覚を養う

早稲田大の国際教養学部は2004年（平成16年）に創設されました。少人数指導のもとで基礎的な教養を磨きつつ、多様な視点や論理的な思考力を養うリベラルアーツ教育を掲げています。

この学部の特徴は、共通言語を英語としているところです。もちろん授業もほぼすべてが英語で行われます。しかし、「英語を学ぶ」ことが一番の目的ではありません。英語が学びたいから、ではなく、英語をツールとして、国際感覚を養い、世界で通用する教養を身につけることが最も重視されているのです。

その一環として、日本語を母語とする学生は、１年間の海外留学が必修となっています。その留学先も世界各国の約300以上の大学から選ぶことができます。また、多くの大学で英語に加えて第２外国語を学ぶのが一般的ですが、国際教養学部ではそれに留まらず、第３外国語、第４外国語まで修得することが奨励されています。ですから、卒業生のなかには、英語＋第２外国語をしっかりと身につけているだけではなく、３カ国語、４カ国語を操る人も少なくないといいます。

こうした充実した４年間を過ごした卒業生は、国内外を問わず、多種多様な企業で活躍しています。

大学情報

所在地	東京都新宿区西早稲田1-6-1　早稲田キャンパス
アクセス	地下鉄東西線「早稲田駅」徒歩5分 地下鉄副都心線「西早稲田駅」徒歩17分 JR山手線・西武新宿線「高田馬場駅」徒歩20分

入試要項(2016年)

	一般入試	大学入試センター試験利用入試	AO入試	
募集人員	150名	50名	4月入学：国内選考125名、国外選考100名	9月入学:125名
試験科目	国語・地理歴史または数学・外国語（英語）・外国語（英語リスニング）	詳細は大学HPをご参照ください		
試験日	2月13日(土)	詳細は大学HPをご参照ください		

上智大学 総合グローバル学部 国際教養学部

（私立）

新旧２つの特色ある国際教養系学部

上智大には総合グローバル学部と国際教養学部という２つの国際教養系学部が設置されています。

総合グローバル学部は、2014年（平成26年）に大学で９番目の学部として誕生した新しい学部です。この学部では、幅広い分野にわたってグローバル化とのかかわりについて学ぶ「国際関係論」と、国内外を研究の対象とする実践的な「地域研究」の両分野を同時に学びます。そうすることで、グローバルからとローカルからという双方向からの視点を養うことができます。

一方の国際教養学部は、1949年（昭和24年）に創設された国際部を前身とする歴史を持ちます。

幅広い国際教養教育を受けることができる環境にあるこの学部の人気は高く、日本の高校を卒業した学生に加え、国内・海外のインターナショナルスクールの卒業生、帰国子女、交換留学生など、多士済々の学生が集っています。

大学情報

所在地	東京都千代田区紀尾井町7-1　四谷キャンパス
アクセス	JR中央・総武線、地下鉄丸ノ内線・南北線「四ツ谷駅」徒歩5分

総合グローバル学部 入試要項(2016年)

	一般入試	推薦入試、海外就学経験者入試
募集人員	TEAP利用型:30名 学科別:110名	詳細は大学HPをご参照ください
試験科目	TEAP利用型:国語・選択科目 学科別:外国語・国語・地理歴史	詳細は大学HPをご参照ください
試験日	TEAP利用型:2月3日(水) 学科別:2月6日(土)	詳細は大学HPをご参照ください

国際教養学部 入試要項(2016年)

	一般入試	推薦入試、海外就学経験者入試
募集人員	春学期入学:63名 秋学期入学:82名	詳細は大学HPをご参照ください
試験科目	詳細は大学HPをご参照ください	
試験日	詳細は大学HPをご参照ください	

青山学院大学　国際政治経済学部　（私立）

幅広い観点から国際社会について学べる

青山学院大の国際政治経済学部は、「国際社会とりわけ国際機関やグローバル企業の第一線で活躍する人材の育成を目標に掲げ、国際政治学と国際経済学の分野に特化した日本初の学部として」（大学HPより）、1982年（昭和57年）に誕生しました。国際政治学科、国際経済学科、国際コミュニケーション学科の３つの学科から構成されています。

国際政治学科は、国際政治に特化したカリキュラムのもとで、日本と国際社会が抱えるさまざまな問題について、国際経済学科は、世界経済における事象を経済学を中心に、国際コミュニケーション学科は、ますます多様化していく国際社会の動きについて、それぞれ学びます。

この３つの学科に加え、政治外交・安全保障、グローバル・ガバナンス、国際経済政策、国際ビジネス、国際コミュニケーションという、３学科を横断した５つのコースがあることで、１つの学科に属しながら、より幅広い学びが可能になります。こうした柔軟な教育カリキュラムが、外交官、国際公務員、国会議員、ジャーナリストなど、多彩な、そして国際的に活躍する人材を多く生み出してきました。

大学情報

所在地	東京都渋谷区渋谷4-4-25　青山キャンパス
アクセス	地下鉄銀座線・千代田線・半蔵門線「表参道駅」徒歩5分、JR山手線・埼京線、東急東横線・田園都市線、京王井の頭線、地下鉄副都心線・銀座線・半蔵門線「渋谷駅」徒歩10分

入試要項（2016年）

	一般入試	大学入試センター試験利用入試	推薦・特別入学試験
募集人員	国際政治学科：計約65名 国際経済学科：約55名 国際コミュニケーション学科：計約45名	国際政治学科：計20名 国際経済学科：計30名 国際コミュニケーション学科：10名	詳細は大学HPをご参照ください
試験科目	詳細は大学HPをご参照ください		
試験日	全学部日程：2月7日（日） 個別学部日程：2月18日（木）	詳細は大学HPをご参照ください	

法政大学　国際文化学部　グローバル教養学部　（私立）

国際的な視座に立って学ぶ姿勢を養う

2014年度（平成26年度）、スーパーグローバル大学に指定された法政大には、文化をキーワードにして、多様なテーマを国際的な視点から学ぶ国際文化学部と、原則的にすべての授業を英語で行いながら国際社会で通用する教養を身につけていくグローバル教養学部（GIS）があります。

国際文化学部の最も大きな特色はスタディー・アブロード・プログラム（SAプログラム）です。これは海外の大学に留学するプログラムで、学部に所属する全学生が必ず参加します。SAプログラムによって、語学力の充実はもちろん、異文化理解をより深めることができます。

GISは、１年次から授業に加え、レポートや論文の執筆、プレゼンテーションなども英語で行うことで、国際的な共通言語である英語を使いこなし、また、英語で問題解決に取り組める力も養うことができます。

大学情報

所在地	東京都千代田区富士見2-17-1　市ケ谷キャンパス
アクセス	JR中央・総武線、都営新宿線、地下鉄有楽町線・南北線「市ケ谷駅」徒歩10分、JR中央・総武線、都営大江戸線、地下鉄有楽町線・東西線・南北線「飯田橋駅」徒歩10分

国際文化学部 入試要項（2016年）

	一般入試	SA自己推薦特別入試・分野優秀者特別入試
募集人員	T日程：24名 A方式：135名	SA自己推薦特別入試：20名 分野優秀者特別入試：10名
試験科目	T日程：国語または数学、英語 A方式：外国語、国語、選択科目	詳細は大学HPをご参照ください
試験日	T日程：2月5日（金） A方式：2月16日（火）	詳細は大学HPをご参照ください

グローバル教養学部 入試要項（2016年）

	一般入試	大学入試センター試験利用入試	自己推薦特別入試
募集人員	T日程：10名 英語外部試験利用入試：5名 A方式：20名	10名	詳細は大学HPをご参照ください
試験科目	T日程：国語または数学、英語 英語外部試験利用入試：国語、数学 A方式：英語S、国語	詳細は大学HPをご参照ください	
試験日	T日程、英語外部試験利用入試：2月5日（金） A方式：2月7日（日）	詳細は大学HPをご参照ください	

明治大学　国際日本学部　（私立）

国際人になるために「日本」を知る

「日本」という単語が目を引く明治大の国際日本学部。「第一に、国際日本学部は日本を国際の視点から見つめ直し、その魅力を再発見して、世界に発信する学部」（大学HPより）と掲げられています。

これからのグローバル社会においては、外国語ができること、国際的な教養を持つことが大切なのは間違いありません。しかし、同時に自分たちが生まれ育った「日本」という国のことを知っておくことも非常に大切です。外国人に日本のことを尋ねられたけれど説明できなかった、という話はよく聞かれます。普段は周りに同じ環境・文化のなかで育った人ばかりなので、その必要がないのです。そういった意味においても、国際的な視点から日本を見つめ直し、学びにつなげていく国際日本学部はユニークな学部といえます。

「クール・ジャパン」などの世界から注目を集めているものから古典芸能まで、日本文化について、学問の観点から学ぶ日本文化研究、世界各地の文化・歴史・社会などについて学ぶ国際研究、少人数制の英語教育、英語圏を中心に、短期から長期まで多様な留学制度など、学部名にふさわしい教育カリキュラムが用意されています。

大学情報

所在地	東京都中野区中野4-21-1　中野キャンパス
アクセス	JR中央線・総武線、地下鉄東西線「中野駅」徒歩8分

入試要項（2016年）

	一般入試	大学入試センター試験利用入試	スポーツ特別入試・海外就学者特別入試
募集人員	全学部統一入試：28名 一般選抜入試：180名	30名	詳細は大学HPをご参照ください
試験科目	全学部統一入試：国語・外国語・選択科目・数学 一般選抜入試：外国語・国語・地歴公民	詳細は大学HPをご参照ください	
試験日	全学部統一入試：2月5日（金） 一般選抜入試：2月9日（火）	詳細は大学HPをご参照ください	

立教大学　異文化コミュニケーション学部　（私立）

異なる価値観の人々といかに共生していくか

立教大の異文化コミュニケーション学部では、多文化共生のための問題解決能力を身につけること、自分とは違う価値観を持つ人とどう生きていくかを考えられる力を養うことを重視しています。

そのために英語を積極的に授業に取り入れながら英語力を養います。また、その土台となる日本語も大切にし、しっかりと鍛えます。そうしたプログラムのなかでも特徴的なのが「Dual Language Pathway」（DLP）というプログラムです。定員15名で、４年間にわたって卒業に必要な専門科目をすべて英語で学びつつ、日本語で展開されている科目も履修するというものです。２年次秋学期には、１年間の長期留学を経験します。DLP以外の学生も全員が同時期に海外留学研修に参加することになります。

また、国際共通言語である英語に加えて、ドイツ語フランス語など５言語のうち１つも学びます。

日本語教員の資格を取得できるのも特色です。日本語教員とは、日本語を母語としない人々に日本語を教える職業です。言葉だけではなく、文化なども含めて多文化共生について考える学部ならではといえます。

大学情報

所在地	東京都豊島区西池袋3-34-1　池袋キャンパス
アクセス	JR山手線ほか、東武東上線、西武池袋線、地下鉄丸ノ内線・有楽町線・副都心線「池袋駅」徒歩7分

入試要項（2016年）

	一般入試	大学入試センター試験利用入試	自己推薦特別入試
募集人員	全学部日程・3教科方式：約10名 全学部日程・グローバル方式：約5名 個別学部日程：約55名	約8名	自由選抜入試：約10名 国際コース選抜入試：約15名 アスリート選抜入試：若干名
試験科目	全学部日程・3教科方式：国語・日本史Bまたは世界史B・外国語 全学部日程・グローバル方式：国語・日本史Bまたは世界史B 個別学部日程：国語・日本史Bまたは世界史B・外国語	詳細は大学HPをご参照ください	
試験日	全学部日程：2月6日（土） 個別学部日程：2月8日（月）	詳細は大学HPをご参照ください	

津田塾大学 学芸学部国際関係学科 （私立）

国際的な諸問題に専門的に取り組む

　今回紹介する大学のなかで唯一の女子大学である津田塾大は、１学部４学科からなり、その１つ・国際関係学科は、「国際社会の課題解決に向けて、考え行動する人を育て」（大学HPより）ています。

　国際関係学科では、１・２年次から英語のほかに、フランス語、ドイツ語、スペイン語、ロシア語、中国語、韓国・朝鮮語のなかから１つを選択して学び、国際性を養うベースを作ります。

　さらに３年次から「国境を越える諸問題に政治と法律からアプローチする」（同）国際政治・国際法、「グローバル化が進む国際社会の経済を研究する」（同）国際経済、「現代社会の諸問題や社会情勢を比較し分析する」（同）比較社会、「複雑化する現代世界で文化の果たす役割を読み解く」（同）比較文化という４つのコースに分かれ、専門性を深めていきます。

　そのために１年次から、のちの専門分野を念頭に置いた専門教育が行われています。なかでもセミナー（４年間を通した少人数制）では、１年次に文献の読み方や発表の仕方などを学び、２年次に英語の文献を使って専門分野の基礎知識と語学力を培い、３年次以降につなげていきます。

大学情報

所在地	東京都小平市津田町2-1-1　小平キャンパス
アクセス	西武国分寺線「鷹の台駅」徒歩8分、JR武蔵野線「新小平駅」徒歩18分

入試要項（2016年）

	一般入試	大学入試センター試験利用入試	推薦・特別入試
募集人員	A方式：155名 B方式：25名	C方式（センター試験のみで選考）：30名	詳細は大学HPをご参照ください
試験科目	A方式：外国語・国語・選択科目 B方式：センター試験科目利用＋小論文	詳細は大学HPをご参照ください	
試験日	A方式：2月5日（金） B方式：2月29日（月）	詳細は大学HPをご参照ください	

筑波大学 社会・国際学群 （国立）

世界をよりよくするために行動できる人材を

　「社会科学分野を中心に、社会開発や情報工学等の応用分野を対象にして、専門性を明確にしつつ、総合的な知識と方法論を教育」（大学HPより）している筑波大の社会・国際学群。そのなかに社会科学分野の総合的な専門教育を行う社会学類と、現代社会や世界で起きているさまざまな問題に対して、「的確に把握する理解力と独創的な分析力を備え、社会の要請に対応できる人材を育成」（同）する国際総合学類があります。それぞれのカリキュラムは横断的に学ぶことができます。

　両学類のうち、国際総合学類はとくに国際社会について学ぶ比重が大きい学類です。国際総合学類は２つの専攻があり、国際関係学主専攻は、国際政治や国際法、経済などについて学びます。もう１つの国際開発学主専攻は、社会システムの開発や情報、環境について学びます。さらに、2010年（平成22年）の夏に設立された社会・国際学群に共通の英語コース（志願制）は、「留学生に英語で教えられるコースをとることによって学位を取得する機会を提供」（同）しています。こうした、国際社会で活躍したいと考える人にとって非常に魅力的なプログラムも用意されています。

大学情報

所在地	茨城県つくば市天王台1-1-1　筑波キャンパス
アクセス	つくばエクスプレス線「つくば駅」・JR常磐線「ひたち野うしく駅」「荒川沖駅」「土浦駅」バス

入試要項（2016年）

	個別学力検査等	推薦入試・帰国生徒特別入試・国際バカロレア特別入試
募集人員	社会学類：64名 国際総合学類：60名	推薦入試：計36名 帰国生徒特別入試・国際バカロレア特別入試：若干名
試験科目	詳細は大学HPをご参照ください	
試験日	2月25日（木）	詳細は大学HPをご参照ください

東京外国語大学 言語文化学部 国際社会学部 （国立）

言語を中心に世界を学ぶ

東京外国語大は、2012年（平成24年）に学部の改組があり、言語文化学部と国際社会学部の２学部編成になりました。言語文化学部は、世界各地の言語や文化の学習から国際教養を学びます。国際社会学部では言語に加えて地域研究や国際関係について学習し、国際的な問題解決能力を磨きます。

どちらの学部に入学しても、最初の２年間は２学部共通の「世界教養プログラム」と呼ばれるカリキュラムのもとで、入学時に選択した言語やその地域について学ぶための基本的な知識・教養を身につけます。

３年次からはそれぞれの学部ごとに設置されているコースに進み、専門教育を受けます。言語文化学部には言語・情報コース、グローバルコミュニケーションコース、総合文化コースが、国際社会学部には地域社会研究コース、現代世界論コース、国際関係コースがあります。

大学情報

所在地	東京都府中市朝日町3-11-1　府中キャンパス
アクセス	西武多摩川線「多磨駅」徒歩5分、京王線「飛田給駅」バス

言語文化学部 入試要項（2016年）

	一般入試	推薦入試・帰国子女特別入試
募集人員	343名	推薦入試:12名 帰国子女特別入試:若干名
試験科目	詳細は大学HPをご参照ください	
試験日	2月25日（木）	詳細は大学HPをご参照ください

国際社会学部 入試要項（2016年）

	一般入試	帰国生等特別推薦入試・帰国子女特別入試
募集人員	前期日程:251名 後期日程:109名	若干名
試験科目	詳細は大学HPをご参照ください	
試験日	前期日程:2月25日（木） 後期日程:3月12日（土）	詳細は大学HPをご参照ください

国際教養大学 国際教養学部 （公立）

独特のカリキュラムで国際教養を身につける

秋田県にある国際教養大は、2004年（平成16年）に設立された公立の大学です。決して便利な場所にあるとはいえませんが、近年は大きな注目を集めています。それは大学名通りの国際教養を身につけられる教育環境が整っているからです。

少人数制で、すべて英語の授業です。１クラスの平均学生数が17人、教員の半数が外国人（ともに大学HPより）で、４年間みっちりと英語力を磨くことができます。また、１年間の海外留学も必修です。海外の提携大学数は46カ国・地域の174大学にものぼります。学生の５人に１人が留学生で、普段のキャンパスライフが多文化共生を実感する場になっているのも特色です。

「外国語コミュニケーション能力の熟達」「様々な学問分野にまたがる広範な基礎知識等の統合」「知的自律性と意思決定能力」「自己の文化的アイデンティティの認識と異文化への理解」「グローバリゼーションへの理解」（同）という教育目標のもと、英語をはじめとする外国語の語学力と、外国語でのコミュニケーション力、そして国際社会で通用する教養を身につけられる大学です。

大学情報

所在地	秋田県秋田市雄和椿川字奥椿岱
アクセス	JR奥羽本線「和田駅」バスなど

入試要項（2016年）

	一般選抜試験	特別選抜試験
募集人員	A日程:40名 B日程:50名 C日程:15名	詳細は大学HPをご参照ください
試験科目	A日程・B日程:国語・英語 C日程:英語小論文	詳細は大学HPをご参照ください
試験日	A日程:2月5日（金） B日程:2月20日（土） C日程:3月14日（月）	詳細は大学HPをご参照ください

＼書店員さんセレクト!!／

読むと前向きになれる本

もうすぐ新学期です。勉強についていけるのか、新しいクラスになじめるのか、といった不安な気持ちを抱えている人もいるのではないでしょうか。今回の特集では、以下の４店舗で働く書店員の方々に「読むと前向きになれる本」を紹介してもらいました。読んで元気をチャージして、新学期も楽しく過ごしてくださいね。

啓文堂書店 吉祥寺店

紀伊國屋書店 新宿本店

八重洲ブックセンター 本店

MARUZEN＆ジュンク堂書店 渋谷店

啓文堂《けいぶんどう》書店 吉祥寺店

店長 伊藤《いとう》 慎悟《しんご》さん

所在地 東京都武蔵野市吉祥寺南町2-1-25 キラリナ京王吉祥寺7階
TEL 0422-79-5070
営業時間 10:00〜22:00
アクセス JR中央線・京王井の頭線「吉祥寺駅」直結

「吉祥寺駅に直結した駅ビルのなかにあるのでアクセスがよく、気軽に来られるお店です。できるだけ表紙が見えるように本を並べていて、通路も広く、イスも置いてあるのでゆっくりと自分の好きな本を探せます。」

世界を旅した冒険家の自伝

『青春を山に賭けて』

植村直己
文春文庫
590円+税

「冒険家・植村直己さんの自伝です。彼は大学時代に山登りを始めて、卒業後、アメリカに渡り、その後、5大陸すべての最高峰に登りました。登山だけでなく、海外の農場でお金を稼いだり、南米のアマゾン川をイカダで下ったりと色々な面白い体験が書かれています。とにかく行動力、バイタリティがある方で、読んでいると元気をもらえます。小さなことに悩んでいる場合じゃないという気分になれますし、できないことはないんじゃないか、何事もあたって砕けろと前向きになれる本です。」

イタリアの不思議な短編集

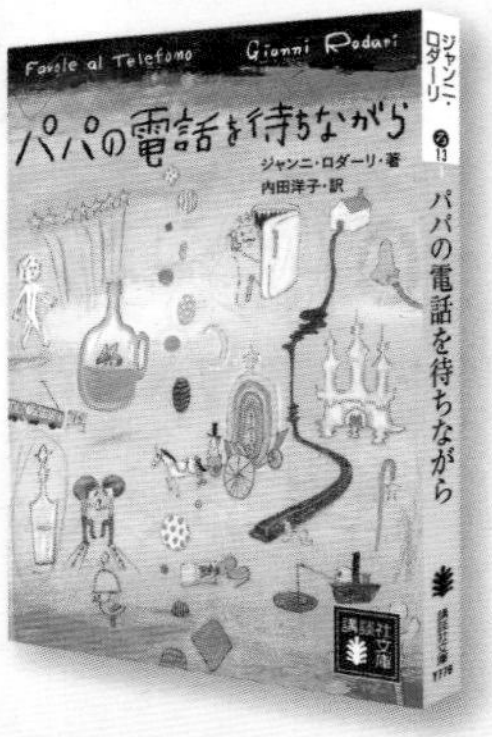

『パパの電話を待ちながら』

ジャンニ・ロダーリ/内田洋子 訳
講談社文庫
770円+税

「イタリアの宮沢賢治と言われる作家が書いた短編集です。明るくてポジティブな話が多いですが、シュールでもありますね。例えば、男の子が散歩に行ったら、どこかで手や足を落としてしまいました、でも、元気に帰ってきました、みたいな不思議な話ばかりです。たくさんの話があるのでお気に入りが見つかると思いますし、1つひとつは短いのですぐに読めます。読み進めるうちに、不思議なファンタジーの世界にはまって、読み終わるころには、明るく楽しい気分になれると思います。」

紀伊國屋《きのくにや》書店 新宿本店

コンシェルジュ 松倉《まつくら》 桑子《そうこ》さん

所在地 東京都新宿区新宿3-17-7
TEL 03-3354-0131
営業時間 10:00〜21:00
アクセス JR山手線ほか「新宿駅」徒歩3分

「本館が地下1階から地上8階までの9フロア、別館に2フロアを持つ大型の総合書店です。蔵書は約120万冊。文庫本や実用書、学習参考書、専門書など幅広いジャンルの書籍をそろえています。」

「本を作る」情熱と感動

『クローバー・レイン』

大崎梢
ポプラ文庫
680円+税

「1冊の本の出版を通して、仕事に対する情熱や強い気持ちで取り組むことの大切さが描かれている小説です。大手出版社で編集者として働く主人公。偶然ある作家の未発表原稿を読んで心を動かされ、出版したいと強く願います。さまざまな問題に直面し、ことは簡単には進みませんが、熱意をもって仕事に臨む姿は次第に周りの人も変えていきます。本が出版されるまでの流れはもちろん、出版や編集の仕事内容も詳しく書かれていますので、出版業界に興味のある方にもおすすめです。」

普通とは違う開成野球部の戦略

『「弱くても勝てます」 開成高校野球部のセオリー』

髙橋秀実
新潮文庫
490円+税

「進学校として有名な開成高校の野球部を取材したノンフィクション書籍です。毎年東大に多くの合格者を出す開成。そこの野球部となるといったいどんな緻密な戦略があるのかと思われますが、実際はその逆。週1回の少ない練習時間を使っていかに試合で勝つかを、部員は自分で考え、実行していきます。その方法はよく聞く野球のセオリーとはかけ離れていますが、本人たちは本気ですし、実際に大会でも勝ち進んでいきます。彼らの頑張る姿を通して色々なことに気づかされる1冊です。」

八重洲《やえす》ブックセンター 本店

販売課 5階フロア長 中村《なかむら》 洋幸《ひろゆき》さん

所在地 東京都中央区八重洲2-5-1
TEL 03-3281-1811
営業時間 平日10:00～21:00
土･日･祝日10:00～20:00
アクセス JR山手線ほか「東京駅」
徒歩5分

「地下１階から地上８階の全９フロアで専門書の品ぞろえが豊富な大型書店です。文庫フロアでは短時間で本を選びたい会社員や最寄りの東京駅利用者のために、おすすめコーナーを設置するなどさまざまな工夫をしています。」

幻想的な町の優しい人々

『つむじ風食堂の夜』

吉田篤弘
ちくま文庫
580円＋税

「幻想的な雰囲気漂う『月舟町』の片隅にある『つむじ風食堂』の店主と、食堂に集う個性的で少し変わった人々の心温まる交流が全８章にわたって綴られています。とくに疲れたときや眠りづらい夜に読むのがおすすめで、肩の力がすっと抜けて気持ちがほっとしますよ。１つひとつの章は独立していて読みやすく、小説全体も200ページ弱とボリュームが少なめなので、活字が苦手な人でもさらりと読めると思います。食事のシーンがとてもおいしそうに書かれているところも魅力ですね。」

中年になったあの3人が再び活躍

**『ズッコケ中年三人組
それいけズッコケ40歳』**

那須正幹
ポプラ文庫
620円＋税

「ハチベエ、ハカセ、モーちゃん、小学生３人の活躍を描いた『ズッコケ三人組』シリーズ（全50巻）。みなさんも１度は読んだことがあるのでは？　本書の舞台は小学校卒業から約30年後。ある事件を機に３人が再会し、事件解決のために奔走するというもの。年をとっても気持ちは少年のまま、行動力も衰えていない３人の姿を見ていると元気が湧いてきます。シリーズ初心者の方も楽しく読めますが、おなじみの人物が登場するので昔のシリーズを知っている人はよりワクワクするはずです。」

MARUZEN&ジュンク堂《どう》書店 渋谷店

文芸書担当 勝間《かつま》 準《じゅん》さん

所在地 東京都渋谷区道玄坂2-24-1
東急百貨店本店7F
TEL 03-5456-2111
営業時間 10:00～21:00
アクセス JR山手線ほか「渋谷駅」
徒歩10分

「品ぞろえがよく、色々なジャンルの本があります。書店員は文芸書、学習参考書など、それぞれに担当が分かれているので、本を探している場合は、担当者に相談してもらえれば、求めている本が見つかるはずです。」

内気な少年の成長物語

『Masato』

岩城けい
集英社
1,200円＋税

「主人公は父親の転勤でオーストラリアに住むことになった小５の真人です。現地の学校に通うのですが、最初は英語も話せず、いじめられたりします。しかし、サッカークラブに入ったことでみんなと仲良くなり、英語も上達して、行きたい中学校を自分で決められるほどに成長していきます。最初のころは内気だった真人が、段々と積極的に変わっていく姿が印象的です。本を読むと真人のように、進む道を自分で決めて、自分の居場所を見つけられるようになりたいと感じると思います。」

声優が夢に向かって奮闘

『声のお仕事』

川端裕人
文藝春秋
1,400円＋税

「声優をしている勇樹の物語です。初のレギュラー役をつかむために、オーディションを受けて役をもらいますが、その役は…というストーリーです。色々とNGを出されながらも一生懸命演じる勇樹から、自分に譲れないなにかがあるのであれば、なりふりかまわず努力しないといけないんだと教えられます。もし、みなさんがすでに将来の夢を見つけているなら、勇樹のように全力で頑張ってほしいです。著者は声優の方に色々取材をしたそうなので、リアリティもある作品で楽しめます。」

開成高等学校

Kaisei Senior High School

東京都　荒川区　男子校

「開物成務」の実現をめざして 受け継がれる学校文化と新たな未来

毎年100名を大きく上回る東京大合格者を輩出する開成高等学校。創立から140年以上の長い歴史のなかで、「開物成務《かいぶつせいむ》」「ペンは剣よりも強し」「質実剛健」といった教育理念が脈々と受け継がれてきました。一方、創立150周年に向け、新校舎建設が計画されており、新たな「開成の未来」が築かれようとしています。

柳沢《やなぎさわ》 幸雄《ゆきお》 校長先生

千差万別の素質を花開かせ 社会貢献できる人物を育成

開成学園は、1871年（明治4年）、幕末の進歩的な知識人であった佐野鼎《かなえ》先生により創立された男子中高一貫校です。当初、「共立学校」とつけられた校名は、1895年（明治28年）に「東京開成中学校」と改名。そして、1948年（昭和23年）に開成高等学校（以下、開成）が発足しました。

開成では、長い歴史のなかで、「開物成務」「ペンは剣よりも強し」「質実剛健」という教育理念が大切に受け継がれてきました。とりわけ強く

学校施設

小講堂

図書館

食堂

校舎

天体観測ドーム

第１グラウンド

西日暮里駅から徒歩１分というアクセスしやすい場所に校舎のある開成。充実した教育施設がそろっています。

意識されているのは、校名の由来にもなっている「開物成務」です。中国の古典『易経』にある言葉で、「物を開いて、務めを成す」を意味します。柳沢幸雄校長先生によれば、ここでいう「物」とは「生徒の素質」を、「務め」とは「社会への貢献」を表しています。

「生徒たちは、千差万別の素質を持っています。私たちの役目は、開成で、それぞれの素質の花を開かせること、そして、なんらかの形で社会に貢献できる人物を育てることです。〝花開く〟とは、生徒が『自分は将来こうなりたい』と言えるようになることをいいます。生徒が自分の素質に気づき、それを表現できるようになることをめざしているのです。」（柳沢校長先生）

「開物成務」を実現させる 授業および課外活動の工夫

開成では、「教室で過ごす時間」「課外活動の時間」の双方において、あらゆる工夫がなされています。

「教室で過ごす時間」、つまり授業で一番大切にされているのは、生徒に発言させることです。グループワークやディスカッション、プレゼンテーションなど、その方法はさまざま。各教員が、授業に適した方法で、生徒の発言を促しています。

「教員の話を聞くだけでは、知識を定着させられません。教員が説明する言葉と、生徒が理解して表現する言葉とでは違いがあるからです。生徒自らが発言することで、初めてその知識を自分のものとして定着させることができます。」（柳沢校長先生）

こうした授業には、知識定着以外にもメリットがあります。それは、生徒同士が発言しあうことで、それぞれの秀でた才能に気づき、尊敬しあうことができる点です。

「開成に入る生徒たちは、前の学校でトップの成績を修めてきた子ばかりです。なかには、『勉強のできる生徒は発言を控えた方がいい』という雰囲気を感じ取り、自分の殻に閉じこもってきた子もいます。開成には、だれもがためらうことなく発言できる環境があります。ですから、各々が殻を破り、得意なことを思いきり発揮しあえるのです。」（柳沢校長先生）

一方、「課外活動の時間」で大切にされているのは、生徒に多様な集団を経験させる、ということです。部活動と行事とでは、異なる意味を持ちます。

部活動は、同好の士の集まりです。70以上（同好会含む）あり、硬式野球部以外は中1～高2までの生徒がいっしょに活動しています。

「年齢や立場の異なる人と、好きな活動をしていくうちに、人生のお手本となる先輩を見つけ、言葉遣いや接し方を覚え、自分の素質や将来像もおのずと見えてくるでしょう。」（柳沢校長先生）

行事では、プロジェクトを達成するための組織を形成します。生徒1人ひとりがなにかしらの役割に就き、それぞれの責任を果たすのです。

「多様な人物が集まるので、意見が対立することもあります。それを、期日に間に合うように責任をもってまとめなくてはなりません。多様性を認めながら1つのプロジェクトを

達成していくことを経験します。例えば、運動会は、象徴的な行事の1つです。」（柳沢校長先生）

準備期間は1年間 生徒が作る運動会

開成の運動会は、中高全学年を縦割りにし、色別（紫、白、青、緑、橙、黄、赤、黒）の8チームで行います。特徴的なのは、生徒の振り分けです。高校は8クラスあるので、クラスごとに分かれるのですが、中学は7クラスしかないので、各クラス内を8等分します。

運動会の運営においては、運動会準備委員会、審議会、審判団が組織され、すべてを生徒が担います。柳沢校長先生によれば、「運動会当日、グラウンドに立つ教員はカメラマンくらい。あとは、テントで生徒の安全を見守るのみ」という徹底ぶり。

下級生への指導は、高3各色の学年担当チームの役割です。戦術指導はもちろんのこと、練習ごとに提出される反省文にコメントを記入して返すなど、下級生とのコミュニケーションも大切にしています。

「これらの準備は、1年かけて行われます。そのなかで、あらゆる才能が必要となっていきます。例えば、パンフレット作成のために編集ができる子、毎年作る応援歌のために作曲ができる子、アーチ（団ごとに作る畳24枚ぶんの大きな壁画）の製作のために絵が描ける子などがいなくてはなりません。全生徒が得意を活かし、才能を開花させるよい機会になっています。」（柳沢校長先生）

高入生が入学後3カ月で 開成になじめる仕組み

高校から開成生となる高入生は、学年の4分の1ほど。最初の1年間は、高入生のみのクラスで授業を受けます。

一方、学校行事については、ほかの生徒といっしょに参加します。学校行事は、高入生が早く開成文化になじめるよう、考えて配置されています。

まず、4月の入学直後に行われるのは、筑波大附属とのボートレースです。2週間にわたり、高3生から校歌と応援歌を教え込まれます。これが、開成文化に触れる最初の行事となるのです。

その後、5月の運動会、部活動入部を経て、自分のやりたいことや憧れの先輩と出会います。6月の学年旅行では、行き先の選択や消灯時間

行事

開成マラソン

スキー学校

筑波大附属とのボートレースや全校生徒で行う開成マラソン、海外大学の実状に触れられるカレッジフェアなど、さまざまな行事が学校生活を彩ります。

ボートレース

ボートレース応援団

カレッジフェア

運動会

1年かけて準備する運動会。運営はすべて生徒に委ねられます。自主性を尊重する開成ならではの熱気あふれる行事です。

文化祭

9月に開催される文化祭も、5月の運動会と同様に生徒の手で企画・運営がなされ、毎年多くの来場客でにぎわう学校行事です。

の決定、ガイドブックの製作など、すべてを自分たちが担う経験をします。「自分たちの活動が円滑に進められるよう、自分たちでルールを決めて、自分たちで守る」という自治・自律の精神を学びます。

こうした積み重ねを経て、生徒たちは居場所を見つけていくのです。「6月末に配る、『学校に通うのが楽しいですか?』というアンケート調査では、毎年ほとんどの生徒が『楽しい』『どちらかというと楽しい』を選びます。」（柳沢校長先生）

時代が変わっても開成教育のゴールは不変

卒業生との交流も活発です。社会で活躍するOBを招くことが多く、生徒自らが交渉に出向くこともあります。柳沢校長先生も開成OBの1人。校長に就いて感じられたのは、「時代が変わっても、教育のめざすゴールは変わらない」ということだと言います。

現在、開成は、学校の将来像を描く重要なステップにあります。そこで、柳沢校長先生に、これからのこと、そしてみなさんへのメッセージを語っていただきました。

「『自分の人生を生きたい!』と思う生徒に、ぜひ入学してきてほしいです。私たちはこれからも、生徒が卒業して、自分の選んだ進路に、自分自身が満足できるような教育をめざしていきます。中高時代、一番大事なのは、自分の過ごす時間が継続的に楽しいと思えることです。そのためになにを選び、どうすればいいか、ぜひよく考えてみてください。」（柳沢校長先生）

2015年度（平成27年度）大学合格実績（ ）内は既卒

大学名	合格者	大学名	合格者
国公立大学		私立大学	
北海道大	3(0)	早稲田大	238(138)
東北大	5(3)	慶應義塾大	183(94)
千葉大	22(8)	上智大	16(8)
筑波大	6(3)	東京理科大	44(29)
東京大	185(65)	青山学院大	1(0)
東京医科歯科大	12(6)	中央大	22(19)
東京工大	10(1)	法政大	7(5)
東京外大	1(1)	明治大	22(15)
東京学芸大	1(1)	立教大	7(4)
一橋大	11(4)	国際基督教大	2(0)
横浜国立大	2(1)	学習院大	2(2)
京都大	10(6)	海外の大学	17(0)
その他国公立大	35(23)	その他私立大	91(52)
計	303(122)	計	652(366)

School Data

所在地　東京都荒川区西日暮里4-2-4

アクセス　JR山手線・京浜東北線・地下鉄千代田線・日暮里・舎人ライナー「西日暮里駅」徒歩1分

生徒数　男子1200名

TEL　03-3822-0741

URL　https://kaiseigakuen.jp/

3学期制　週6日制

月～金6時限（高校は7・8時限が選択授業）土4時限

50分授業　1学年8クラス

1クラス約50名

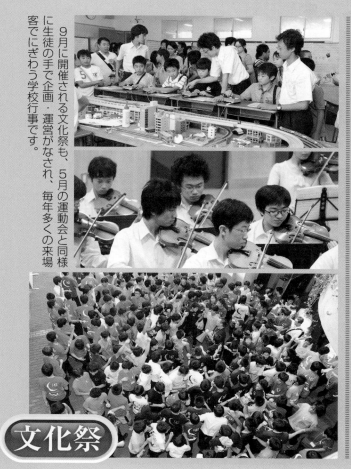

School Navi No.227

東京都　千代田区　女子校

千代田女学園《ちよだじょがくえん》高等学校

School Data

所在地	東京都千代田区四番町11
生徒数	女子のみ240名
TEL	03-3263-6551
URL	http://www.chiyoda-j.ac.jp/
アクセス	地下鉄半蔵門線「半蔵門駅」・地下鉄有楽町線「麹町駅」徒歩5分、JR中央・総武線ほか「市ケ谷駅」・「四ツ谷駅」徒歩7分

品位を身につけ自立した女性を育成

1888年（明治21年）に設立された千代田女学園高等学校（以下、千代田女学園）は、浄土真宗の「み教え」を教育の根幹に据えています。

建学の精神には、「叡知《えいち》」「温情」「真実」「健康」「謙虚」の5つを掲げ、「人格形成」「キャリアデザイン」「学習指導」の3つを教育の柱として、高い教養を身につけ品位ある自立した女性を育成しています。

3コース制が昨年から始動 今春からは系列大と合併も

千代田女学園では、毎朝の朝拝や、さまざまな宗教行事を通して豊かな人間性を育むことに重点を置いています。そして、教養を身につけるためのプログラムとして、学校外から招いた専門家による「随意科」という教養講座を用意しています。茶道科、琴科、挿花科、香道科、ピアノ科、油絵・水彩画科と創立当初から継続されています。

また、3年間を見据えたキャリア教育にも力を入れています。創立者の想いを具現化した国際教養人の育成が目標です。

コースは2015年度（平成27年度）から3コース制になりました。各コースともきめ細かな指導体制が整っています。

国公立・最難関私立大をめざす「特進コース」では、日常的にハイレベルな授業を展開、週に2日は7・8時間目に放課後講習を開き、長期休暇中には宿泊合宿を行います。

「グローバルリーダーコース」の生徒は、国際系学部や海外の大学をめざします。国際理解教育が充実しており、2年生は全員、約3カ月間ニュージーランドに滞在し、現地の学校生活を体験します。

部活動との両立をはかりながら難関私立大や、系列の武蔵野大への進学をめざすのが「進学コース」です。国語・数学・英語の基礎学力を伸ばすことに重点をおいています。

そして今春から、武蔵野大と千代田女学園の母体となる学校法人が合併します。これまでも武蔵野大の指定校推薦を確保したうえで他大学を受験できる「優遇制度」がありましたが、合併によって真の意味における高大連携教育はさらに充実していくことでしょう。

2015年度には制服もリニューアルされており、校内が新しい風に包まれている千代田女学園高等学校。これからの発展に期待が高まります。

School Navi No.228

東京都　渋谷区　共学校

國學院《こくがくいん》高等学校

School Data

所在地	東京都渋谷区神宮前２-２-３
生徒数	男子822名、女子859名
ＴＥＬ	03-3403-2331
ＵＲＬ	http://www.kokugakuin.ed.jp/
アクセス	地下鉄銀座線「外苑前駅」徒歩５分、都営大江戸線「国立競技場駅」徒歩12分、JR中央・総武線「千駄ヶ谷駅」「信濃町駅」徒歩13分、地下鉄副都心線「北参道駅」徒歩15分

１人ひとりの目標と可能性に向きあう

國學院高等学校（以下、國學院）は併設中学校のない高校単独の共学校で、全学年で約１７００名の生徒が在籍します。生徒１人ひとりに親身に寄り添いながら、それぞれの目標に合わせたきめ細やかな指導が行われています。

また、伝統的に穏やかな校風で、素直で真面目な生徒が多く見られるのは、家庭的で丁寧な生活指導を大切にする國學院の教育姿勢の表れではないでしょうか。

海外研修は２カ国４パターン

カリキュラムは、１年次は共通で、各教科で基礎基本をしっかりと身につけていきます。２年次からは、文科コースと理科コースに分かれ、数学と英語では、個々のレベルに合わせたグレード別の授業が展開されます。３年次からは選択科目や選択講座が数多く用意されています。

また、近年のグローバル化に対応するため、英語教育にも力が入れられています。長期休暇中の英会話講習や英検対策講座、英語漬けの３泊４日を過ごす国内英語キャンプ、海外語学研修などが実施されています。海外語学研修は、２０１６年度（平成28年度）から従来のオーストラリアにカナダのコースが加わり、１・２年生を対象にそれぞれ異なるプログラムが準備されています。國學院では、卒業までに英検２級を取得することを目標として、大学受験はもちろん、国際社会で使える英語力を身につけていきます。

そのほかにも、理科キャンプ、文学研修、歴史教室、スキー教室、マナー研修など、生徒たちの希望に応じて多彩な学習オプションが導入されています。

大学進学においては、推薦入学制度を利用して國學院大へ進学することができるほか、法学部には、推薦の権利を保持しながら、他大学を併願受験できる制度もあります。

一方、国公立大や難関私立大をめざす生徒も多く、２年次から難関大をめざすチャレンジクラスを設置するなど、生徒の夢の実現を第一に、幅広い進路に対応しています。

個々の進路に合わせた指導で確実に学力を養うことができる國學院高等学校。勉強だけでなく、多くの生徒が部活動にも積極的に取り組んでいます。約50のさまざまな部があり、１人ひとりが打ち込めるものを見つけられる環境です。

神奈川県　公立　共学校

神奈川県立 多《た》摩《ま》高等学校

TAMA HIGH SCHOOL

FOCUS ON

伝統を受け継ぎ改革を進める 活気あふれる進学校

神奈川県立多摩高等学校は、神奈川県の県立高校改革によって理数教育推進校に指定され、学力向上進学重点校のエントリー校となりました。部活動や学校行事に積極的に取り組む校風はそのままに、校舎の建て替えとともに新たな歴史がスタートしています。

School Data

所在地
神奈川県川崎市多摩区宿河原5-14-1

アクセス
JR南武線「宿河原駅」徒歩8分

TEL
049-911-7107

生徒数
男子369名、女子472名

URL
http://www.tama-h.pen-kanagawa.ed.jp/

- 2学期制
- 週5日制
- 月～金曜7限
- 45分授業
- 1学年7クラス
- 1クラス約40名

福田《ふくだ》 敏人《としひと》 校長先生

県立高校改革のなかで 創立60周年を迎える

１９５６年（昭和31年）に設立された神奈川県立多摩高等学校（以下、多摩高）。川崎市の北部地区が戦後の発展を遂げるなかで、県立高校の設置を求める地元の声が高まり、そうした要望に応える形で開校されました。２０１６年度（平成28年度）には創立60周年を迎えます。

現在、神奈川県教育委員会は「県立高校改革実施計画」を進めています。Ⅰ期～Ⅲ期の計12年かけて、「質の高い教育の充実」「学校経営力の向上」「再編・統合などの取組み」の３つの柱のもと、さまざまな改革を実践していきます。

多摩高は２００７年度（平成19年度）から２０１５年度（平成27年度）まで学力向上進学重点校の指定を受けていましたが、その任期は今年度で終了します。神奈川県が改革の一環として、新たに「将来リーダーとして活躍できる高い資質と能力をもった人材を育成する」ことをめざす学校を学力向上進学重点校として指定し直すことになったのです。多摩高のほか、現時点で指定を受けている学校の任期も今年度までです。

来年度からは、多摩高を含む17校がエントリー校となり、神奈川県が示す指標の達成に向けて取り組んでいきます。そして２年後、各校の教育の成果が検証され、そこで改めて10校程度が正式に指定を受けるというシステムです。

さらにこの改革では、生徒の個性を伸ばす特色ある教育を実践する学校の指定も始め、多摩高は理数教育推進校の指定を受けました。こちらは３年間の指定です。

福田敏人校長先生は「理数教育推進校に指定されたことは、学力向上進学重点校の取り組みの補助ロケットのようなものになるのではと考えています。つまり、理系分野の教育を強化し、生徒の意欲・関心を引き出すことが、文系の生徒の刺激にも結びつき、学力向上進学重点校の指標達成に向けてもプラスに働くと思っています」と相乗効果を期待されます。

「質実剛健」「自重自持」を ベースにさらなる発展を

多摩高の校訓は「質実剛健」「自《じ》重自持《ちょうじじ》」です。

「『質実剛健』はなじみがあっても、『自重自持』はあまり聞いたことがないのではないでしょうか。私自身、本校の校長に赴任して１年目ですの

学校風景

で、昨年4月の入学式では生徒に『自重自持』の持つ意味をいっしょに考えていきましょうと伝えました。『自重自持』は、『自らを重んじ、自らを恃《たの》む』ということです。これはまず、自分自身を頼りになるような人間に成長させていこうという意味があるでしょう。それに加えて、

旧校舎での授業

旧校舎図書室

現在のグラウンド

新校舎完成予想図

新校舎(東棟)での授業

趣のある旧校舎での授業と、きれいで明るい新校舎での授業。在校生はそれぞれのよさを実感しながら日々を過ごしています。新校舎建設工事の終了は2018年度を予定しています。

『自主』ではなく、『自重』という言葉を掲げることで、自分を大切にしよう、という意味も込められていると思います。ですから、全校集会では自分の命を大切にしよう、自分を大切にしてこそ他人の命も大切にできるのだということを必ず伝えています。」（福田校長先生）

　今回の改革を通して、校訓「質実剛健」「自重自恃」の精神は変わらず継承しつつ、学力向上進学重点校として、また、理数教育推進校として、教科指導、進路指導について改良が重ねられていくことでしょう。

行事や部活動も全力投球 両立するのが多摩高の伝統

　多摩高ではこれまで、「学びの目標」として〈たくましく生きる力―個々の自己実現を図る力を身につける〉〈社会と関わる力―社会に貢献し未来を切り拓く人として育つ〉を掲げてきました。

　これを土台としながら、新しい授業の進め方を取り入れたり、主体的に学ぶ姿勢を養うような探究的な学習を導入したりと、より1人ひとりの学力を伸ばす内容の授業を展開していきます。

　現在、平常の授業以外の取り組みとしては、早朝や放課後に教員が自主的に補習を実施するほか、3年生向けの「土曜講習」が行われています。これは今年度から2年生も参加できるようになりました。さらに、夏休み、冬休みには、それぞれ夏期講習、冬期講習が設定されています。少人数授業は、現在は1年生の英語を1クラス2展開、2年生の数学Ⅱを2クラス3展開していますが、これらについても、今後充実が図られる予定です。

　カリキュラムは早い段階で進路を狭めてしまわぬようにと、1・2年次は全員が共通科目（芸術を除く）を履修し、幅広い分野を学びます。3年次は現代文、政治・経済、体育、英語といった必修科目以外は、自分が必要だと思う科目を選択する形となります。多様な選択科目から、進路に合わせた学習が可能です。文系・理系のクラス分けはありません。

　多摩高祭（文化祭・体育祭）、合唱コンクール、球技大会、大師強歩など、どの行事にも熱心に取り組む多摩高は、2学期制ですが前期の期末考査を7月に実施しています。これは、9月に行われる多摩高祭のために、夏休みを準備期間として存分に活用してもらおうという配慮からです。「行事に積極的に取り組むことが、コミュニケーション能力の向

多摩高祭

文化祭は飲食店部門、催し物部門、ステージ発表部門、売店部門などさまざまな部門があり、部門別人気投票も実施されます。水泳部と有志によるウォーターボーイズは、毎年プールサイドに入場できない人が出るほど人気を博しています。

文化祭の1週間後に行われる体育祭は生まれた季節（春夏秋冬）によって組み分けがなされるのも特徴的ですが、巨大なマスコットやパネル、創作ダンスなど、競技以外の種目にも生徒の情熱が注がれています。

上や、人間的な成長にもつながります」と福田校長先生が話されるように、行事に全力投球する姿勢を学校も支援しているのです。

高校生活の始まりとともに進路指導もスタート

4月には新入生対象のフレッシャーズキャンプ（1泊2日）が開催されます。生徒同士の親睦を深める目的はもちろんのこと、高校生活のスタートとともに、多摩高生として望ましい学習姿勢や、大学での学びについて話を聞き、3年間、そしてその先の将来についても考えてもらうきっかけとしています。多摩高の進路指導はここから始まるのです。

進路行事も、1年で大学生講演会や社会人出張講義、2年で学部学科説明会や大学出張講義、3年で進路説明会と各学年で用意しています。

福田校長先生は「入学当初は国公立大を志望する生徒が多いものの、途中で諦めてしまう生徒もいるのが現状です。改革を機に、より生徒の希望をかなえられるよう、カリキュラムを見直していきます。

さらに、いままで以上に模試の結果分析などに力を入れ、客観的なデータに基づく指導も強化していきたいと考えています。そのための環境も徐々に整いつつあります」と話されます。

校舎の建て替え工事も進んでいます。現在までに東棟が完成、今後、西棟、中央棟が竣工し、2017年度（平成29年度）にはすべての教室が新しくなり、2018年度（平成30年度）にはグラウンド整備などを含む全工事が終了します。県立高校改革のなかで、多摩高等学校は新たに生まれ変わろうとしています。

「本校の卒業生には文系・理系それぞれにすばらしい方がいます。伝統的に勉強と行事・部活動の2兎を追うような欲張りな学校ですので、そうした特色を理解して、『我こそは！』という欲張る気持ちを持った生徒さんに来てもらいたいと思います。」（福田校長先生）

そのほかの行事

学校のすぐ側の多摩川河川敷を22㎞歩く大師強歩は多摩高創立当初から続く伝統行事です。また、クラス対抗の合唱コンクールは、どのクラスも練習から真剣に取り組みます。そのほかにも球技大会、フレッシャーズキャンプ、修学旅行など多彩な行事が行われています。

球技大会

大師強歩

フレッシャーズキャンプ

合唱コンクール

修学旅行

合唱の練習風景

2015年度（平成27年度）大学合格実績 （）内は既卒

大学名	合格者	大学名	合格者
国公立大学		私立大学	
東北大	2(2)	早稲田大	45(19)
筑波大	2(2)	慶應義塾大	17(5)
埼玉大	1(0)	上智大	15(4)
千葉大	2(1)	東京理科大	27(11)
東京大	3(2)	青山学院大	41(8)
東京医科歯科大	1(0)	中央大	60(24)
東京外大	2(2)	法政大	45(19)
東京工大	2(2)	明治大	90(32)
東京農工大	2(1)	立教大	40(9)
一橋大	2(1)	学習院大	8(3)
横浜国立大	8(4)	北里大	7(1)
京都大	1(0)	日本女子大	10(2)
その他国公立大	21(10)	その他私立大	340(103)
計	49(27)	計	745(240)

和田式教育的指導

もうすぐ4月。中2生は春休みを経て新中3生に、中3生は卒業式を経て高校生になります。新しいステージにあがる準備はできていますか？　新生活を充実させるためには、スタートが肝心。この時期、中2生・中3生それぞれが意識するべきことをお話しします。

受験に成功する鍵は4月のスタートにあり

新中3生は4月から「受験生」になろう

「一年の計は4月にあり」。現中2生のみなさんには、この言葉を贈ります。「一年の計は元旦にあり」ということわざをもじった造語です。「一年の計画は年の初めに立てるべきであり、物事を始めるにあたってはきちんとした計画を立てるのが大切だ」ということを意味します。つまり、4月から始まる新学年の計画は、4月のうちに立てましょう、ということです。

具体的には、4月の早い時期に志望校を決めることをおすすめします。なぜなら、公立校の入試は統一問題ですが、私立校の入試は学校独自問題だからです。志望校によって、これから取り組むべき受験勉強の内容が大幅に異なります。数学が難しい学校、英語が難しい学校など、科目ごとの難易度もさまざまです。

中3生になっても、塾や学校の先生から指示を受けて勉強しているうちは、まだ「受験生」とはいえません。自分のめざす学校に向けて自ら勉強をするようになって、初めて「受

和田先生のお悩み解決アドバイス

Q 習い事を続けたい受験生だけど大丈夫？

Hideki Wada

和田秀樹

1960年大阪府生まれ。東京大学医学部卒、東京大学医学部附属病院精神神経科助手、アメリカのカールメニンガー精神医学校国際フェローを経て、現在は川崎幸病院精神科顧問、国際医療福祉大学大学院教授、緑鐵受験指導ゼミナール代表を務める。心理学を児童教育、受験教育に活用し、独自の理論と実践で知られる。著書には『和田式　勉強のやる気をつくる本』（学研教育出版）『中学生の正しい勉強法』（瀬谷出版）『［改訂新版］学校に頼らない　和田式・中高一貫カリキュラム』（新評論）など多数。初監督作品の映画「受験のシンデレラ」がモナコ国際映画祭グランプリ受賞。

験生」といえるのです。

戦略的な受験勉強は未来に役立つ力となる

とはいえ、まだ志望校について考えていない人も多いでしょう。これから検討するなら、学校の教育内容を見ることはもちろんですが、過去問を解いてみることもおすすめします。一般的に、得意科目が難しく、苦手科目が易しい学校は相性がいい、といわれています。この機会にチャレンジしてみれば、自分流の戦略が立てられるかもしれません。

このように、早めに目標を定め、戦略的に勉強する力は、高校受験だけでなく、その後の大学受験でも活かされます。大学受験は、高校受験以上に多様で、科目選択も可能なのでなおさらのこと。さらにいえば、就職活動にもつながります。

高校生になったらすぐ大学受験を意識しよう

現中3生のみなさんは、いよいよ高校入学を迎えます。前回、勉強を継続することの大切さについてお話ししましたが、実践しているでしょうか。勉強は、このまま継続してください。大学入試は、国公立の場合、5教科6科目以上で行われます。加えて、二次試験の準備もしなくてはならず、やるべきことは盛りだくさんです。

ですから、高校生活の終盤から意識しだすのでは間に合いません。大学受験の勉強は、私立単願でない限り、高校3年間たっぷり時間をかけてやった方がいいのです。いまから意識を高めておいてください。

高校3年間、モチベーション高く勉強を続けるのはなかなか大変です。乗りきるためには、高校入学後すぐにでも志望大学を検討することをおすすめします。

希望を見つけると、やる気に火がつき、モチベーションが高まるはずです。行きたい大学を早めに見つけ、よい状態で高校生活のスタートをきりましょう。

A 習い事以外のことを調整できるならOK

習い事と勉強の両立は、あまり難しいことではありません。その習い事が、プロレベルの本格的なものであったり、膨大な時間を要したりするものでない限り、また、３つ４つと手を出さない限り、本人の努力次第でだれにでも実現できるでしょう。ただし、習い事や勉強以外のこと、例えばテレビを観ること、ゲームをすること、恋愛にのめり込むことなどを諦められる場合に限ります。むしろ、そういうことに時間を費やしてしまう人と比べたら、習い事と勉強に集中する人の方が受験生として圧倒的に充実した生活が送れるはずです。習い事をやめることが、必ずしも合格につながるとは限りません。そのぶんの時間を遊びに使ってしまったら、まったく意味がないのです。

高校生活も同じことがいえます。部活動を引退したあとに、それまで部活動に費やしていたぶんの時間を勉強にあてられる人が志望大学に受かりやすいのです。本当にしたいこと・するべきことに、きちんと時間を使う習慣をいまから身につけておきましょう。

教えてマナビー先生！

世界の先端技術

pick up!!

KAGRA（かぐら）

▶マナビー先生 プロフィール

日本の某大学院を卒業後、海外で研究者として働いていたが、和食が恋しくなり帰国。しかし科学に関する本を読んでいると食事をすることすら忘れてしまうという、自他ともに認める“科学オタク”。

まもなく日本で観測が始められる宇宙の眼「大型低温重力波望遠鏡」

今年はアインシュタイン博士が一般相対性理論を発表してから100年目。この理論から予想されたのが重力波だ。とてつもない質量を持っている物体が運動することで発生する力が伝わってくる。これが重力波だ。何万光年も遠くにある星からの重力波はあまりに小さいため、アインシュタイン博士自身も検出は難しいだろうと考えていたんだ。ところが今年の2月、この重力波計測にアメリカのチームが成功したというニュースが飛び込んできた。２つのブラックホールの合体が起こした重力波をとらえたという、大変な発見だ。

いま、日本のチームで重力波をとらえようと開発中なのが、KAGRA（かぐら＝大型低温重力波望遠鏡）だ。重力波をとらえるには光を使う。直交する２つの軸の中心でレーザー光を発光させ、同じ距離が離れたところに設置してある鏡で反射させて光が返ってくるまでの時間を計る。重力波が到達していると重力波により空間がひずみ距離が変わるので返る時間に差が生じる。重力波が到達していないと空間にひずみは生じないので、２つの軸ともに同じ時間で返ってくる。この差で重力波を検出しようというんだ。中心から鏡までの距離は長ければ長い方が計測の精度があがるけれど、地球は丸いので直線のトンネルを作るのは難しく、世界の計測装置は４㎞以下の距離で作られている。この間を何往復かさせてその時間を計るようにしているんだ。KAGRAのトンネルも直線距離は約３㎞だ。

東京大学宇宙線研究所などが建設中の大型低温重力波望遠鏡「KAGRA」中心部付近＝岐阜県・神岡鉱山地下（時事）

KAGRAはノーベル物理学賞を受賞したカミオカンデやスーパーカミオカンデがある岐阜県飛騨市神岡町の鉱山の地下深くに建設中で、その特徴は２つある。１つは地下深くに設置していること。深く設置することで、風や波、地面の振動などの影響を受けにくく、長期間計測中の温度、湿度なども安定している。２つ目は検出器に特殊なサファイア検出器を使い、マイナス253℃に冷やしてノイズを減らし、感度をあげるなどの工夫をしていることだ。

アメリカのチームが計測したブラックホールの衝突のような、観測可能な重力波を起こす天体現象はそうたびたびは起こらない。銀河系のなかで起こると信号を強く受信できるけれど、それは何万年に１回の確率でしか起こらない。これでは待っていられないよね。KAGRAでは世界トップクラスに信号検出感度を高め、遠くの銀河で発生する現象までとらえ、１年に数回は計測できる性能にしようとしているんだ。

KAGRAは世界の研究機関と協力し、重力波を使った新しい眼でどんな宇宙を見せてくれるだろうか。

※このページは31ページから読んでください。

正解	（ウ）　$x=\frac{7\pm\sqrt{13}}{6}$

（エ）は？　これは基礎問題とは言えないだろうね。「いやいや、こんなのカンタ〜ン！」と言える人は、ずいぶんと頼もしいぞ。

まず、$\sqrt{2016n}$のうちの2016をもっと小さな数にしよう。それは次の法則を活用するということだ。

$\sqrt{a}\times\sqrt{b}=\sqrt{ab}$

＜どんな数もできるだけ小さな数で表すようにする＞というのが、数学の鉄則だ。

$\sqrt{2016n}$
$=\sqrt{2016}\times\sqrt{n}$

さて、この2160をできるだけ小さくするために、次のように考える人もいるだろう。

まず、2016は偶数なので２で割ってゆく。

$\sqrt{2016}$
$=\sqrt{1008}\times\sqrt{2}$
$=\sqrt{504}\times\sqrt{2}\times\sqrt{2}$
$=\sqrt{252}\times\sqrt{2}\times\sqrt{2}\times\sqrt{2}$
$=\sqrt{126}\times\sqrt{2}\times\sqrt{2}\times\sqrt{2}\times\sqrt{2}$
$=\sqrt{63}\times\sqrt{2}\times\sqrt{2}\times\sqrt{2}\times\sqrt{2}\times\sqrt{2}$

これ以上は２で割れない。63は奇数だからだ。奇数は３や５や７で割れないか考える。

$=\sqrt{21}\times\sqrt{3}\times\sqrt{2}\times\sqrt{2}\times\sqrt{2}\times\sqrt{2}\times\sqrt{2}$

21も奇数なので、やはり3や5や7で割れないか考える。

$=\sqrt{7}\times\sqrt{3}\times\sqrt{3}\times\sqrt{2}\times\sqrt{2}\times\sqrt{2}\times\sqrt{2}\times\sqrt{2}$

もうこれ以上は細かくできない。それで、今度はまとめることにする。

$=\sqrt{7}\times\sqrt{3}\times\sqrt{3}\times\sqrt{2}\times\sqrt{2}\times\sqrt{2}\times\sqrt{2}\times\sqrt{2}$
$=\sqrt{7}\times3\times\sqrt{2}\times2\times2$
$=3\sqrt{7}\times4\sqrt{2}$
$=12\sqrt{7}\times\sqrt{2}$
$=12\sqrt{14}$

これ以上は簡潔にならない。つまり、

$\sqrt{2016}=12\sqrt{14}$

ということだね。

これを用いてもとに返ると、

$\sqrt{2016n}=12\sqrt{14n}$

そうすると、

$12\sqrt{14n}=12\sqrt{14}\times\sqrt{n}$

この$12\sqrt{14}\times\sqrt{n}$を自然数にするということは、根号をとる、言い換えると、根号のいらない数で表すことだから、$\sqrt{14}$の根号を取り払うことを考える。

取り払うのは簡単だ。$\sqrt{n}$が$\sqrt{14}$であれば、

$\sqrt{14}\times\sqrt{n}$
$=\sqrt{14}\times\sqrt{14}$
$=14$

これが正答だ。

この解き方はわかりやすいが、時間がかかる。数学の得意な人なら、もっと手短に解くだろう。

まず2016という数だが、これをひと目で９の倍数だと見抜いて、

$\sqrt{2016}$
$=\sqrt{9\times224}$
$=\sqrt{9}\times\sqrt{224}$
$=3\sqrt{224}$

として、さらに224も4の倍数と見抜き、

$=3\sqrt{224}$
$=3\sqrt{56\times4}$

ここまでくれば、あとは

$=3\sqrt{7\times8\times4}$
$=3\sqrt{7\times2\times4\times4}$
$=12\sqrt{7\times2}$

これで、正答が導かれる。

$\sqrt{2016n}$
$=12\sqrt{14n}$

正解	（エ）　$n=14$

「確かに早く答えが出るけれども…でも、2016が９の倍数だって、どうしてわかるの？」だって？　それを知らなかったのならぜひとも覚えておこう。

2016を２と０と１と６に分けて、それを足してみよう。すると、

$2+0+1+6=9$

この足した結果が９の倍数であれば、元の数の2016も９の倍数、９で割り切れる数だ。例えば、192837465という数はどうだろうか。すぐに９の倍数だとわかる。確かめてみよう。

$192837465\div9=21426385$

やはりそうだね。

編集部より

正尾佐先生に取り上げてもらいたい問題や、受験問題についての質問、意見を、下記の宛先までＦＡＸやメールでお寄せください。
ＦＡＸ：03-5939-6014
Ｅメール：success15@g-ap.com

※このページは31ページから読んでください。

それでも正解だ。

正解	(3)　$\dfrac{3x+y}{2}$　または$\dfrac{3}{2}x+\dfrac{1}{2}y$

(4)は？　最初に（　）を外すんだね。

$x+3.5=0.5\,(3x-1)$

$x+3.5=1.5x-0.5$

ここで普通ならば1.5xを左辺へ移し、3.5を右辺へ移して

$x-1.5x=-0.5-3.5$

$-0.5x=-4$

とするのだが、なかには慌て者もいるだろう。そういう人は、＋－のミスを防ぐために、左辺・右辺へ移すのを逆にして、

$3.5+0.5=1.5x-x$

$4=0.5x$

とするのもいい。どちらにしても、

$x=4\div0.5=8$

正解	(4)　$x=8$

(5)は？　まず、２乗を計算しよう。

$(\sqrt{2}-\sqrt{5})^2$

$=\sqrt{2}^2-2(\sqrt{2}\times\sqrt{5})+\sqrt{5}^2$

$=2-2\sqrt{10}+5$

$=7-2\sqrt{10}$

正解	(5)　$7-2\sqrt{10}$

最後の(6)は？　まず、（　）のなかを計算しよう。

$(x+2)(x-6)-9$

$=(x^2+2x-6x-12)-9$

$=x^2-4x-21$

これを因数分解するのは簡単だろう。

正解	(6)　$(x+3)(x-7)$

神奈川はどうだろう。最初の問題を見てみよう。

問１　次の計算をしなさい。

（ア）　$-12+3$

（イ）　$\dfrac{3}{4}-\dfrac{8}{9}$

（ウ）　$28a^2b^2\div4ab^2$

（エ）　$\dfrac{8}{\sqrt{2}}+\sqrt{72}$

易し過ぎるぐらいに易しいね。「こんなんじゃもの足りない」という人が多いだろう。これではつまらないので、答えだけ念のために書いておいて、問２にトライしてみよう。

正解	（ア）　-9 （イ）　$-\dfrac{5}{36}$ （ウ）　$7a$ （エ）　$10\sqrt{2}$

問2　次の問いに答えなさい。

(ア)　$(x+3)^2-(x+2)(x-4)$を計算しなさい。

(イ)　$(x+1)^2-2(x+1)-15$を因数分解しなさい。

(ウ)　２次方程式$3x^2-7x+3=0$を解きなさい。

(エ)　$\sqrt{2016n}$が自然数となるような，最も小さい自然数nの値を求めなさい。

（ア）（イ）（ウ）は、千葉の問題と同じように、基礎計算力を確かめる問題だ。すぐに解けるね。

（ア）は？　（　）を外すときに、＋－のミスさえ犯さなければ、得点できる問題だ。

$(x+3)^2-(x+2)(x-4)$

$=x^2+6x+9-(x^2-2x-8)$

$=x^2+6x+9-x^2+2x+8$

$=8x+17$

正解	（ア）　$8x+17$

（イ）は？

$(x+1)^2-2(x+1)-15$

$=x^2+2x+1-2x-2-15$

$=x^2-16$

$=(x+4)(x-4)$

正解	（イ）　$(x+4)(x-4)$

（ウ）は？　これは二次方程式の解の公式（根の公式）を使えばすぐに答えが出るね。

$3x^2-7x+3=0$

$x=\dfrac{-(-7)\pm\sqrt{7^2-(4\times3\times3)}}{2\times3}$

$x=\dfrac{7\pm\sqrt{49-36}}{6}$

$x=\dfrac{7\pm\sqrt{13}}{6}$

教育評論家 正尾佐の

高校受験指南書

数学 【百十二の巻】今年出た基礎問題1

この「高校受験指南書」は、首都圏の高校入試問題を取り上げて解説するコラムだ。これまでの東京・神奈川・埼玉・千葉の1都3県に加えて、これからは茨城を加えていこうと思う。

扱う教科は、国語・数学・英語で、残念ながら社会と理科は除外する。年に12回なので、3教科に絞るのだ。社会と理科はほかの記事を読んでほしい。

また、取り上げるのはその年に出題された“できたてホヤホヤ”ならぬ“出されたてホヤホヤ”の問題だけだ。それが連載開始からのモットーで、今年もそうするつもりでいる。

まず初めは「今年出た基礎問題」シリーズだ。この原稿の締め切り日は2月20日で、公立高校入試は千葉の前期試験と神奈川で行われている。

基礎的な問題というのは、数学では最も易しい計算問題のことだね。それはどこの都道府県でも一番初めに出題される。

例えば、千葉の前期試験の第1問目はこうだ。

(1) $-18\div(-3)$を計算しなさい。
(2) $-3^2+16\times\frac{3}{4}$を計算しなさい。
(3) $2x+3y-\frac{x+5y}{2}$を計算しなさい。
(4) 方程式 $x+3.5=0.5(3x-1)$を解きなさい。
(5) $(\sqrt{2}-\sqrt{5})^2$を計算しなさい。
(6) $(x+2)(x-6)-9$を因数分解しなさい。

さあ、実際にシャーペンを手に取って計算してみよう。まず(1)は、暗算でさっと答えを出せるね。

このような簡単な問題が最初にあると、受験生の緊張している心もきっとほぐれて平常に近づくだろうと、出題者が思いやってくれているのだろうね。

では、(1)の答えは？

「軽い､軽〜い。(1)の答えは-6！　ん？　いや､違った、6で〜す」。

その通り。焦ってはいけない。いったん深呼吸して、落ち着きを取り戻そう。

正解	(1)　6

次は(2)だ。これも「数学は得意だよ」という人なら暗算で済ませられるだろうが、筆算をして確実に答えを出そう。

以下は木曽虫夫クンの計算だ。

$-3^2+16\times\frac{3}{4}$
$=-9+16\times\frac{3}{4}$
$=24\times\frac{3}{4}$
$=9$

また、泡手徳子クンは以下のように計算した。

$-3^2+16\times\frac{3}{4}$
$=9+16\times\frac{3}{4}$
$=9+12$
$=21$

木曽クンも泡手クンもひどいもんだね…君は正しくできたね？

$-3^2+16\times\frac{3}{4}$
$=-9+16\times\frac{3}{4}$
$=-9+12$
$=3$

正解	(2)　3

(3)は？　分数の問題だから、最初に通分する。それが定石だね。

$2x+3y-\frac{x+5y}{2}$
$=\frac{4x+6y-x-5y}{2}$
$=\frac{3x+y}{2}$

もちろん、これは、$\frac{3}{2}x+\frac{1}{2}y$と記してもかまわない。

国語

東大入試突破への現国の習慣

田中コモンの今月の一言！

「本気でやる」とは実行力のこと。「やれば…」は言い訳にすぎません。

田中《たなか》 利周《としかね》先生

早稲田アカデミー教務企画顧問

東京大学文学部卒。東京大学大学院人文科学研究科修士課程修了。文教委員会委員。現国や日本史などの受験参考書の著作も多数。

グレーゾーンに照準！今月のオトナの言い回し「なせばなる」

「なせばなる、なさねばならぬ、なにごとも」というフレーズは皆さんも耳にしたことがあるのではないでしょうか。漢字交じりの文で書くとこうなります。「為せば成る、為さねば成らぬ、何事も。」さらに、「成らぬは人の、為さぬなりけり」と続きます。歴史好きの生徒さんなら、誰の言葉であるのかはご存知でしょう。上杉鷹山《ようざん》ですよね。江戸時代の米沢藩主です。あのジョン・F・ケネディが「尊敬する政治家」と一目置いた存在でもあります。もっともこの逸話は「都市伝説」の類だという説もあったのですが（米沢市の市長さんも、どこにも証拠となる文言が残っていない、とおっしゃっていました）、ケネディ元大統領の長女で、現駐日アメリカ大使でいらっしゃるキャロライン・ケネディ大使が「元大統領が鷹山を尊敬していた」ということを明らかにしましたので、本当であったことがめでたく？　確認されたのでした。

話を「なせばなる」に戻しましょう。この言葉、文字通りには「やればやれるし、やらなければやれない、すべてのことはそうである」という当たり前の道理を語ったものです。「為す」とは「行為する」ということ、「成る」とは「成就する」ということですから。その意味合いは、「やれない、と言っているだけでは、何にもならない」ということです。

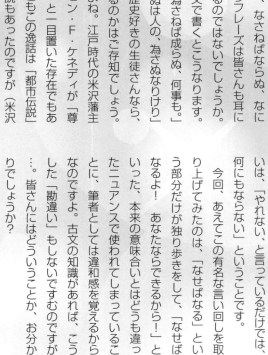

今回、あえてこの有名な言い回しを取り上げてみたのは、「なせばなる」という部分だけが独り歩きをして、「なせばなるよ！　あなたならできるから！」といった、本来の意味合いとはどうも違ったニュアンスで使われてしまっていることに、筆者としては違和感を覚えるからなのですよ。古文の知識があれば、こうした「勘違い」もしないですむのですが…。皆さんにはどういうことか、お分かりでしょうか？

これは試しに「なせばなる」のところを英訳してみるとハッキリします。〝If you try to do, it can be achieved.〟なんていう文を思いつくのではないでしょうか。ここに問題が潜んでいます。勘違いのポイントは〝If〟を使ってしまうことなのです！　「えっ！　ダメなんですか？」という声が聞こえてきそうですが、確かに現代語だと「為せば」は仮定条件なのですが、その意味での古文なら「為さば」になるでしょう？　古文の「為せば」は「已然形＋ば」、すなわち確定条件なのですよ。古文を勉強している皆さんには、ここを理解して欲しいところです。つまり鷹山が言おうとしている

のは「もし為すならば」という仮定の話ではなく、「為すと必ず成る」という確定した話であるのです。ここには確固たる意思はもちろん、それ以上に確固たる実行の力が込められていると思いませんか。鷹山は「思うだけでは駄目だ。即、実行せよ」と告げているのです。このことをふまえて、あえて英訳するならば"Where there is a will there is a way."という諺《ことわざ》が近いのではないでしょうか。

仮定の話を「為さば」の精神、確定の話を「為せば」の実行、というふうにとらえてみましょう。ここから明らかになるのは、「もし為すならば」の精神＝「やればできる」程度では「成らない」ということです。「成る」というのは、必ず実行＝「やった」という結果に伴うものだからです。「為さば」からは「成らず」しか生じず、「為せば」からは必ず「成る」が生じるというのが、ものごとの道理なのです。結果を生むのはその人が「為すか為さないか」つまり「やるかやらないか」であって、「できるかできないか」ではないのです。ましてやできるかどうかを考えている程度では、何もできないのは当たり前のことなのです。

「あなたはやればできるから!」というのは、ほめ言葉にはならない、と筆者は考えています。「やればできる」＝「為さばなる」と言われて育った子どもは、自尊心は高くなるのでしょうが、学力は落ちるものだと、長年の経験で確信しているからです。ほめるのにはタイミングがあります。結果についてほめるべきなんです。「やればできる」ではなくて「やったらできた」＝「為せばなる」のタイミングでほめてこそ学力が伸びるのです。

最近は「子どもはほめて育てるものだ」という思想が蔓延しているせいか、結果も伴わないのに、とにかくほめなければいけない、やりもしないのに「やればできる」とほめなければいけない、と何だか強迫観念のように「ほめ続けなくてはならない」という風潮です。そうでなければ子どもの自己肯定感が育たない、というのですが…。先ほども申し上げましたが、筆者は経験上、「そんなことはない」ということを知っています。自己肯定感なるものは、子ども自身が手に入れるものであって、周囲が与えるものではありません。「為せば」の実行によって、「成った」ときに、感じるものだからです。

早稲田アカデミーが掲げる「本気でやる」というのは、この「なせばなる」の実行力を意味していると筆者は考えます。決して甘くはありませんが、皆さんはこのことを道理として受けとめて欲しいと思います!

慇・懃・無・礼?! 今月のオトナの四字熟語「大器晩成」

このコーナーで筆者は「オトナになりましょう!」と常に呼びかけているわけですから、「大器晩成」という四字熟語を取り上げたのは、ある意味でミステイクではないか？ とは思いませんか。そうですよね、器の大きな人物というのは成熟のために時間がかかる、というのですから。早く大人になってしまっては器の大きな人物にはなれないということになるではないですか! これは大変。「大器晩成」が本当ならば、「オトナにならないようにしましょう!」と呼びかけなければ、つじつまがあいません。さて、どうしたものでしょう。

それでは、大人と子どもの違いについて、少し考えを巡らせてみましょう。様々な観点からの考察が可能ですが、「大器晩成」のポイントである「成熟のために必要な時間」について注目して、大人と子どもの「時間の使い方」の違いを考えてみることにしましょう。

大人と子どもの中間に位置する思春期の皆さんには、その両方の感覚が意識できるのではないでしょうか。子どもの頃を思い出してみて下さい。目の前の遊びに夢中になって、時間のことなど忘れてしまった経験はないですか？ 「いつまで遊んでいるの!」と母親に注意されても、今、目の前で行っていることをやめることができない。「早くお風呂に入りなさい!」と叱られても、なぜやめなくてはならないのかが分からない、という感覚です。大人は「遊びの時間が終わったら、次はお風呂の時間」と予定を立てているものですから、その通りに行動しないと怒りだすのですね。ここに違いを見出すことができます。

大人は計画を立てて行動することができます。未来に向けて現在なすべきことを考えて行動するのです。子どもにはこれができません。できない、というよりもその必要がないのです。子どもには急いでしなければならないことは何もないのです。子どもの生活とは、今この瞬間の中にあるのです。いわば現在しか存在しないのです。

「急いでしなければならないことが何もない」というのが、「大器晩成」につながるポイントなのでしょう。だからこそじっくりと時間をかけて「しなければならないことを見つけ出す」という作業ができるのでしょうから。さて、皆さんには「急いでしなければならないこと」がありますか？ あるといえばあるし、ないといえばない、というカンジでしょうか？ でもそれが思春期なんですよね。定期テストは計画的に、でも将来の夢はじっくりと、ですね。

<考え方>

⑴　さいころを２回投げる場合、目の出方の総数は6×6＝36通りです。条件に当てはまる場合の数については、表を用いて調べていくといいでしょう。

⑵　３個の赤玉、２個の白玉を区別できるものとして数えていかなくてはなりません。

<解き方>

⑴　30＝2×3×5だから、２つのさいころの出た目の積が、30の約数となるのは、下の表のように17通りある。よって、その確率は$\mathbf{\frac{17}{36}}$

大	1					2			3			5				6	
小	1	2	3	5	6	1	3	5	1	2	5	1	2	3	6	1	5

⑵　３個の赤玉を赤1、赤2、赤3、２個の白玉を白1、白2とすると、同時に２個の玉を取り出すときの取り出し方は、(赤1、赤2)、(赤1、赤3)、(赤1、白1)、(赤1、白2)、(赤2、赤3)、(赤2、白1)、(赤2、白2)、(赤3、白1)、(赤3、白2)、(白1、白2）の10通り(＊)。このうち２個とも赤になるのは３通りだけなので、$1-\frac{3}{10}=\mathbf{\frac{7}{10}}$

(＊) 計算では、$5\times\frac{4}{2}\times1=10$で求められる。

続いて、確率と平面図形の複合問題です。

問題2

右の図１のように，円Oの周上に，円周を12等分する点A，B，C，D，E，F，G，H，I，J，K，Lがある。

図1

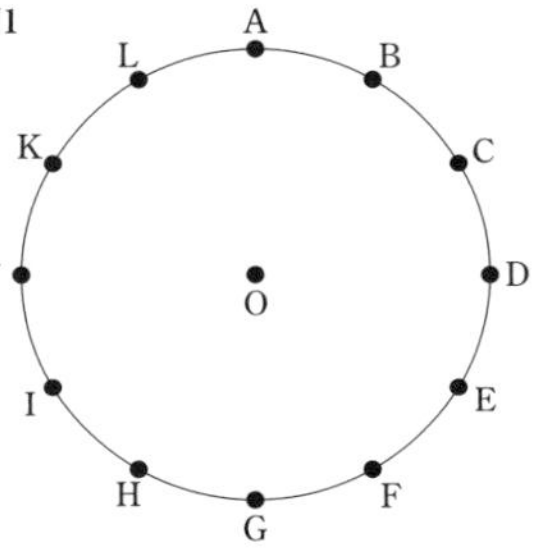

また、図２のように，２つの袋p，qがあり，袋pの中にはB，C，Dの文字が１つずつ書かれた同じ大きさの３枚のカードが入っており，袋qの中にはF，G，H，I，J，K，Lの文字が１つずつ書かれた同じ大きさの７枚のカードが入っている。

図2

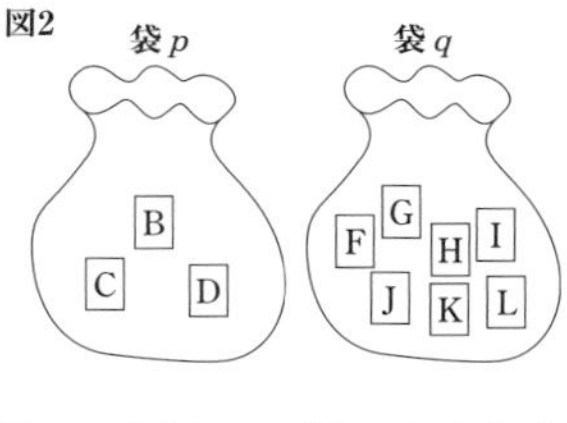

袋pの中からカードを１枚取り出し，そのカードに書かれた文字と同じ文字の図１の点の位置に点Pをとり，袋qの中からカードを１枚取り出し，そのカードに書かれた文字と同じ文字の図１の点の位置に点Qをとる。

いま，２つの袋p，qの中からカードをそれぞれ１枚ずつ取り出すとき，次の問いに答えなさい。ただし，それぞれの袋の中から，どのカードが取り出されることも同様に確からしいものとする。

⑴　線分PQが円Oの中心を通る確率を求めなさい。

⑵　∠APQの大きさが60°以上となる確率を求めなさい。

⑶　三角形APQが二等辺三角形となる確率を求めなさい。　（神奈川県・2016年）

<考え方>

⑵　∠APQを弧AQに対する円周角といいます。「１つの弧に対する円周角は、その弧に対する中心角の半分に等しい」という性質があります。

⑶　AP＝AQとなる場合、AP＝PQとなる場合、AQ＝PQとなる場合があります。

<解き方>

袋pからは３通りの取り出し方があり、袋qからは７通りの取り出し方があるので、取り出し方の総数は3×7＝21通りある。

⑴　線分PQが円Oの中心を通るのは、右の表のように３通りなので、その確率は$\frac{3}{21}=\mathbf{\frac{1}{7}}$

袋p	B	C	D
袋q	H	I	J

⑵　袋qからIのカードを取り出したとき、∠AOQ＝120°となるので、袋pから取り出すカードがなんであっても、円周角の定理から∠APQ＝60°となる。よって、袋qからF、G、H、Iのカードを取り出したとき中心角が120°以上となるから、∠APQの大きさが60°以上となるのは、3×4＝12通りある。
よって、その確率は$\frac{12}{21}=\mathbf{\frac{4}{7}}$

⑶　三角形APQが二等辺三角形となる右の表のように５通りあるので、その確率は$\mathbf{\frac{5}{21}}$

袋p	B	C		D	
袋q	L	H	K	G	J

確率の問題では、どのような場合に条件を満たすのかがわかりにくいときもしばしばあります。その意味で、ぜひもう一度自分で解き直してポイントをつかんでほしいと思います。計算が複雑になることはあまりありませんから、色々なタイプの問題に挑戦して解き方のコツをつかみ、確率を得意分野の１つにしていきましょう。

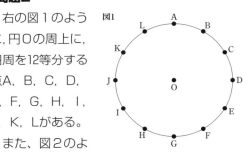

数学

楽しみmath 数学! DX

樹形図や表を書く際は書きあげる順番を決めて整然と書くのがポイント

登木 隆司先生
早稲田アカデミー　城北ブロック ブロック長
兼 池袋校校長

新しい学年が始まります。このページでは、過去に出題された入試問題を題材に、数学の基本的な事項を確認しながら、問題の解法を解説していきます。少しでもみなさんの勉強に役立てれば幸いです。１年間どうぞよろしくお願いします。

さっそく始めましょう。今月は「確率」について学習します。

まずは、確率の求め方を確認しておきましょう。

―― 確率の求め方 ――

起こる場合が全部でn通りあり、どれも同様に確からしいとする。

そのうち、事柄Aの起こる場合がa通りであるとき、

事柄Aの起こる確率　$p=\frac{a}{n}$

中学の確率では、樹形図や表を利用してすべての場合を調べていくのが基本です。しかし、数えあげていくと総数が相当多くなる問題も出題されることがあります。こうした場合に樹形図の「枝別れの仕方」が規則的ならば、それを使って総数を計算で求めることも必要でしょう。

そして、樹形図や表を書く際には、数の小さい順やABC順など、書きあげる順番のルールを決め、それに基づいて整然と書いていくことが、重複やミスを防ぐうえで非常に大事です。

それでは、比較的考えやすい、代表的な問題から見ていきましょう。

問題1

(1)　大小２つのさいころを同時に１回投げる。このとき，２つのさいころの出た目の数の積が，30の約数となる確率を求めなさい。

　ただし，さいころを投げるとき，１から６までのどの目が出ることも同様に確からしいものとする。　（千葉県・2015年）

(2)　袋の中に，赤玉が３個，白玉が２個，合わせて５個の玉が入っている。

　この袋の中から同時に２個の玉を取り出すとき，少なくとも１個は白玉である確率を求めよ。

　ただし，どの玉が取り出されることも同様に確からしいものとする。　（東京都・2015年）

英語で話そう！

川村 宏一先生
早稲田アカデミー　教務部中学課
上席専門職

朝がちょっぴり苦手な中学３年生のサマンサは、父（マイケル）と母（ローズ）、弟（ダニエル）との４人家族。

サマンサが友だちのリリーに、将来なんの職業に就きたいかを聞いています。

Samantha：Lily, what do you want to be in the future? …①
サマンサ　：リリー、あなたは将来なにになりたいと思っているの？

Lily　：I want to become an English teacher in Japan.
リリー：日本で英語の先生になりたいと思っているの。

Samantha　：Oh! That sounds great.
サマンサ　：そうなの！　それはすばらしいわね。

Lily　：So I need to learn many things. Of course I have to study Japanese, too. …②
リリー：だから、色々なことを勉強する必要があるのよ。もちろん、日本語も勉強しないとね。

Samantha：I hope you will be a good teacher, Lily. …③
サマンサ　：あなたがいい先生になることを祈っているわよ、リリー。

今回学習するフレーズ

解説①　in the future	「将来」 (ex) I want to go to the United States in the future. 「私は将来アメリカに行きたい」
解説②　need to ～	「～する必要がある」 (ex) I need to study hard for the exam tomorrow. 「明日のテストのために一生懸命勉強する必要がある」
解説③　hope ～	「～を望む／～を期待する」 (ex) They hope the team will win this game. 「彼らは、そのチームがこの試合で勝利することを望んでいる」

みんなの数学広場

TEXT BY
かずはじめ
数学を子どもたちに、楽しく、わかりやすく、使ってもらえるように日夜研究している。好きな言葉は、“笑う門には福来る”。

初級～上級までの各問題に生徒たちが答えています。
どの生徒が正しい答えを言っているか当ててみよう。
もちろん、当てずっぽうじゃなく、実際に問題を解いてみてね。

今回は大学入試問題です。解けるかな!?

問題編

答えは40ページ

上級

“170856と164808について，この組に関するすべての正の公約数の和を求めよ。”

札幌大

A
答えは… 7
難しかった…。
B
答えは… 1512
頑張って計算したよ。
C
答えは… 4800
やりがいがありました！

中級

“ある鉄道会社では平成26年３月まで，最低運賃130円から1000円まで10円きざみで運賃が設定されていた。この年４月からの消費税率の引き上げに伴い，次のように運賃を改定することにした。

券売機等で発売する切符を利用する場合

改定前の運賃に$\frac{108}{105}$を乗じ，10円未満の端数を切り上げ，10円単位とした額を新運賃とする。

切符を利用する場合，20円の値上げとなるような改定前運賃の範囲を求めよ。”

中央大

A
答えは…
350円以上
690円以下
B
答えは…
360円以上
700円以下
C
答えは…
350円以上
1000円以下

初級

“nを正の整数とする。$N=1890n$とすると，$\sqrt{N}$が整数になるような最小のnの値は□である。”

近畿大

A
答えは… 2
ズバリこれでしょう。
B
答えは… 70
1890だからね。
C
答えは… 210
こうだと思うけど…。

上級

やったね！

正解は **C**

公約数とは最大公約数の約数のことです。ここではこの最大公約数の約数の和を問われています。

そこでこの２つの数170856と164808の最大公約数を求めるには“ユークリッドの互除法”を使います。

これは一方を他方で割ったときに出る余りで他方を割るという作業を繰り返す方法です。

これを本問に使うと…

170856÷164808＝1…6048
164808÷6048＝27…1512
6048÷1512＝4…0 ←

割り切れたときの最後の割る数が最大公約数

この1512が最大公約数なのです。
今度は1512の約数の総和です。
$1512=2^3\times3^3\times7$ですから
約数の総和は $(1+2+2^2+2^3)\times(1+3+3^2+3^3)\times(1+7)$
$=15\times40\times8$
$=4800$　です。

A
約数の和が７だと、
最大公約数が４にな
るよ？

B
惜しい！　1512は
最大公約数だね。

中級　正解は B

改定前の運賃をx円とすると、20円の値上げとなるのは、切り上げる前の増額分が10円より大きく20円以下となるので、新運賃について

$$x+10<\frac{108}{105}x\leqq x+20$$

両辺を105倍して

$$\underbrace{105x+1050<108x}_{①}\leqq 105x+2100 \quad (②: 108x\leqq 105x+2100)$$

①を解くと　$1050<3x$　より　$350<x$

②を解くと　$3x\leqq 2100$　より　$x\leqq 700$

改定前の運賃は10円きざみなので

360円以上700円以下となります。

初級　正解は C

$$\sqrt{N}=\sqrt{1890n}$$
$$=\sqrt{2\cdot3\cdot3\cdot3\cdot5\cdot7\cdot n}$$
$$=3\sqrt{2\cdot3\cdot5\cdot7\cdot n}$$

このルートが外れるには　$n=2\cdot3\cdot5\cdot7=210$

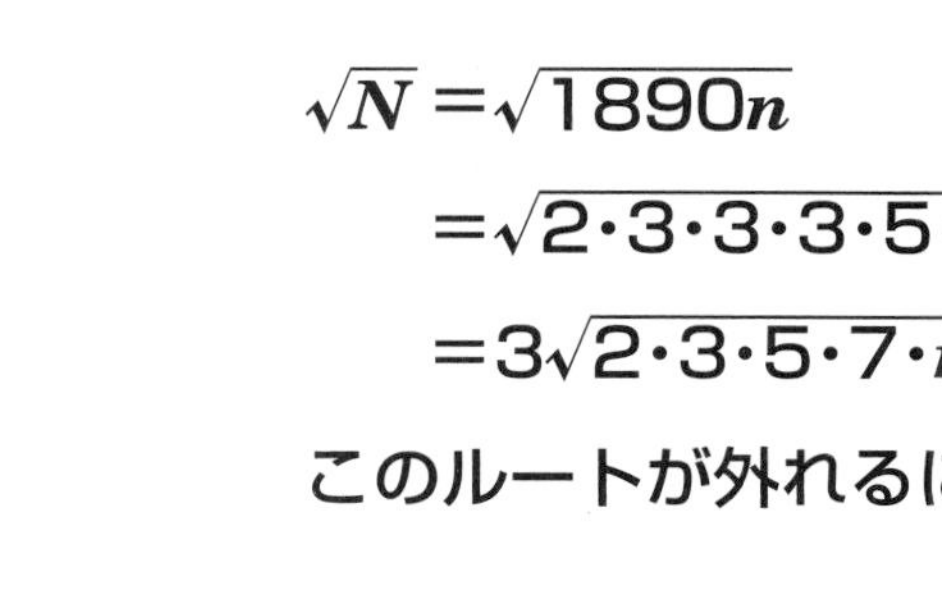
A
どうしてそうなったの？

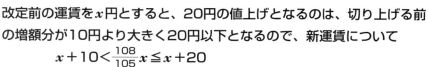

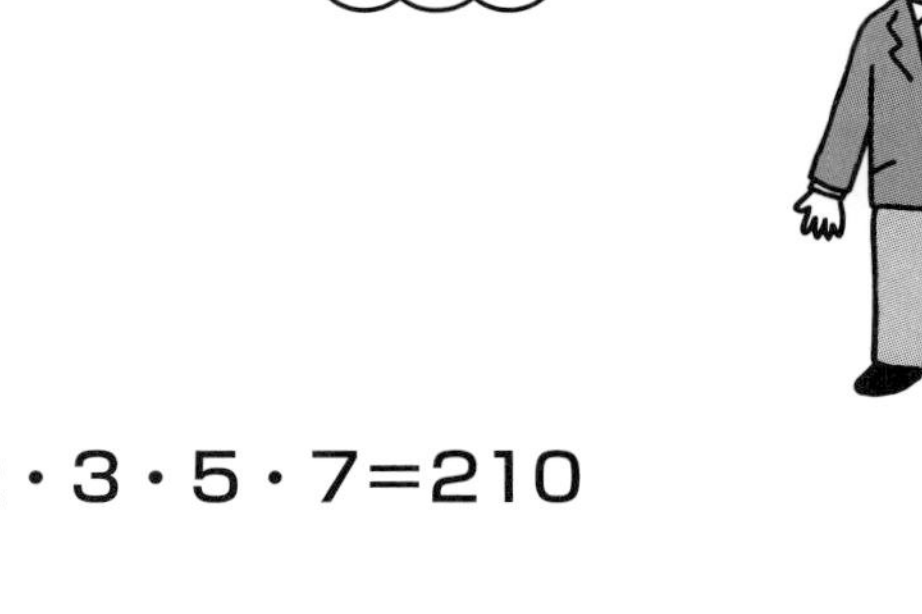

北里大学
医学部 医学科 1年
安藤《あんどう》 彬乃《あやの》さん

病院を訪れた人に安心感を与えられる医師をめざします

他学部と連携したプログラムが魅力

――北里大学に入学した理由を教えてください。

「医師になるのが夢でしたが、医学部は学費が高額なので、国公立大が第1志望でした。北里大は私立大のなかでも魅力的な奨学金制度があり、興味がある感染症の研究にも強いので第2志望として考えていました。そして、相模原市の診療所で総合診療医として9年間働く代わりに、市が6年間の学費を負担してくれるという北里大の制度に合格できたので入学を決めました。

その制度を利用する学生は、診療所の仕事について知るために、夏休みの『サマーセミナー』で市内の診療所を見学しにいきます。病気の原因がわからないときに受診するのも総合診療科ですが、地域の診療所で働く場合も1人でさまざまな病気を診るので、総合診療医としての力が必要なんです。いまは、総合診療医の道を究めようと思っています。」

――どんな講義を受けていますか？

「ほぼ毎日、1限から4限まで講義がつまっていて、お気に入りは『細胞生物学』です。大学受験は物理と化学選択で、生物はあまり深く勉強していないので、改めて色々なことを学べておもしろいです。学外の先生から専門的な話を聞く機会もあり、それも印象に残っています。

『医学原論』は、精神科や刑務所といった一般的にイメージする内科や外科とは異なる現場で働く医師の話を聞いたり、出生前診断の是非について討論したりと、医学に関するさまざまなことを取り上げました。

講義ではないですが、医師の後ろについて当直勤務を見学する『病院

自然豊かな八雲牧場での実習

「サマーセミナー」で訪れた青野原診療所

体験当直』もありました。内科、外科、小児科のうち私は小児科でしたが、外科を担当した子は緊急手術を夜通し見学したそうです。

これらは医学部の専門科目です。1年生では専門科目よりも教養科目の方が多く物足りなく感じていたので、2年生から専門科目が増えるのが楽しみです。2年生の後期からは『解剖学実習』が始まります。約3カ月かけて人体解剖する医学部の講義のなかの1つの山らしく、6年間でもかなり印象に残るそうです。」

――そういった話は先輩から聞けるのですか?

「はい。バレーボール部の先輩から聞きました。医学部は6年間あるので、『医学部バレー部』というように、医学部生のみで構成されている部があります。サークルよりもこうした部に所属する学生が多いです。」

――北里大ならではの特徴的な取り組みはありますか?

「『チーム医療教育プログラム』は、医療系学部が複数ある北里大ならではだと思います。1年生の『チーム医療論』は、他学部生とともに他職種の仕事や、現場でどのようにチーム医療がなされているのかを学びます。5年生では『オール北里チーム医療演習』に取り組みます。これは医療系学部の全学生1000人以上が集まり、約10人ずつのグループに分かれて演習を行うものです。

また、獣医学部と医学部による『農医連携プログラム』もあります。私もその一環で、夏に獣医学部附属の八雲牧場（北海道）を訪れ、牛の育て方を学んだり、薬草園で漢方薬の作り方などを見学してきました。」

――今後の目標を教えてください。

「勉強を疎かにすることは、将来患者さんに迷惑をかけることにつながるので、そのことを忘れずに頑張って勉強していきたいです。

私は中学3年間海外に住んでいて、そのときに感じた医師という職業が与える安心感に憧れて医師を志しました。そこで出会った医師のように、人に安心感を与えられるような医師になりたいですね。」

初心者で始めたバレーボール

「医学部○○部」は体育会の部が多く、高校時代オーケストラ部だった私はどの部に入っても初心者からのスタートでした。それならば、部での上下関係は医師になっても続くことだし、自分に合った明るくにぎやかな雰囲気の部に入ろうと、「医学部バレー部」を選びました。

バレー部は練習が多い方で、週３日、放課後に２～４時間やっています。先輩が経験者ばかりで強かったので、昨年の東日本医科学生総合体育大会（東医体）では優勝しました。１年生は８人中７人が初心者ですが、先輩が優しく教えてくれるので、楽しく活動しています。

貼る見る覚える！

単語や熟語の暗記があまり好きではなかったせいでなかなか覚えられず、自宅の扉や玄関、トイレ、筆箱のなかなど、とにかく色々なところに単語や熟語を書いた紙を貼りつけて、しょっちゅう目に入るようにしてなんとか覚えました。英語が得意な塾の仲間は簡単に覚えられたようで、「パッとみたら覚えられるじゃん」と言われたのが悔しくて、余計に頑張ろうという気になりましたね。

息抜きは１話や１曲で区切りを

息抜きは漫画とゲームでした。でも、直前期は途中でやめにくいゲームは控え、漫画を１話だけ読むというような区切りがいい息抜き方法を実践していました。あとは合唱コンクールや卒業式で弾くピアノの伴奏練習もいい気分転換になっていました。１曲５分くらいと短いので手軽でよかったです。

勉強以外も頑張ってほしい

私は中高ともに行事や部活動にも全力で取り組んでいました。勉強はもちろん大事ですが、勉強以外の活動を頑張ることも価値があるし、両立させたうえで合格した方がより達成感もあるはずです。第１志望の合否にかかわらず、色々なことを頑張ったということは大切な思い出として残るので、ぜひ、勉強はもちろん、勉強以外のことにも力を注いでほしいです。

Bungou Retsuden

古今文豪列伝

第17回

安《あ》部《べ》公《こう》房《ぼう》

Koubou Abe

安部公房は、医師の長男として１９２４年（大正13年）、東京で生まれた。翌年、父の赴任地の旧満州（現中国東北部）に渡り、奉天市（現瀋陽《しんよう》市）で小学校、中学校時代を過ごしたんだ。

学校の成績はきわめて優秀で、中学卒業の１年前に飛び級で東京の旧制成城高等学校（現成城大）に入学、成城始まって以来の数学の天才と言われたという。すごいね。理科系だったけど、哲学、文学に傾倒した高校生活だった。

戦争の影響で成城を繰り上げ卒業して１９４３年（昭和18年）10月、東京大医学部に入学したけど、理科系も徴兵にとられて兵隊にされるといううわさを信じて、翌年の12月に実家のある奉天に無断で帰ってしまった。

奉天で開業医の父を手伝っているうちに終戦となったんだけど、お父さんが病気で亡くなり、苦労しながら１９４６年（昭和21年）12月に帰国した。

帰国後、学生結婚し、１９４８年（昭和23年）に東京大医学部を卒業したけど、医者にはならず、文学の道を進むんだ。

卒業の年に『粘土塀《ねんどべい》』を雑誌『個性』に発表、『粘土塀』は『終りし道の標《しる》べに』と改題されて出版された。これが処女小説であり、処女出版だった。３年後に『壁―S・カルマ氏の犯罪』を『近代文学』に発表、１９５１年（昭和26年）上半期の芥川賞を受賞した。川端康成や瀧井孝作の強い支持があったという。

１９６１年（昭和36年）に『砂の女』を発表。昆虫採集に来て迷い込んだ村で、砂のなかの家に閉じ込められて脱出できなくなった教師を描いたこの作品は、国際的に高い評価を得たんだ。読売文学賞を受賞し、映画化もされた。

さらに『他人の顔』『燃えつきた地図』『箱男』『密会』『方舟《はこぶね》さくら丸』などを次々と発表、幻想的で神秘的な非日常を描いたこれらの作品は一部のファンから熱狂的に支持された。『砂の女』『他人の顔』『燃えつきた地図』は失踪３部作といわれる。

安部の作品は独自の世界観、人間観を持つといわれ、30カ国以上で翻訳され、ノーベル文学賞候補にもあがったんだ。

だけど、１９９２年（平成４年）12月、脳溢血《のういっけつ》で倒れ、翌年の1月死去した。68歳だった。

今月の名作

安部公房

『燃えつきた地図』

『燃えつきた地図』
630円＋税
新潮文庫

興信所に勤める『ぼく』は失踪した男性の妻から、夫の行方を探してほしいと頼まれる。だが、なぜか非協力的な依頼者。依頼者の弟が殺され、失踪者の同僚が自殺する。やがて『ぼく』も記憶を失っていく。都会の孤独の闇を描いた作品。

あれも日本語これも日本語

NIHONGO COLUMN NO.74

「花」にちなむ慣用句 上

花の咲き競う春だね、そこで今回と次回は「花」にちなむ慣用句について調べてみよう。

「言わぬが花」は、はっきり言ってしまうより言わない方が趣《おもむき》がある、という意味だ。「勉強をサボった彼が先生に呼び出され、その後どうなったか、それは言わぬが花だ」なんて感じで使うよ。

「枯れ木に花」は、いったん衰えていたものが再び勢力を盛り返して活躍することをいう。「彼女は還暦を過ぎてから日本舞踊を習い、ついに名取りになった。まるで枯れ木に花だ」なんてふうに使う。「枯れ木に花咲く」「老い木に花」ともいうよ。

「死んで花実《はなみ》が咲くものか」は死んでしまった木は花も咲かないし、実もならないということから、死んでしまっては元も子もない。なんの意味もない、という意味だ。生きていればこそ、色々な可能性があるということ。命を大切にしよう、という戒めの言葉だ。

その反対が「花も実もある」だ。花が咲くだけではなく、実までなるわけだから、本当にすばらしい状況だ。「彼は学校の成績もトップクラスだったし、体操では県大会で優勝、クラスでも明るい人気者で、花も実もある中学生活だったね」なんて言われるとすごいね。

「高嶺《たかね》の花」は文字通り、高い嶺に咲いている美しい花という意味で、転じて、遠くから見るだけで、なかなか手に入らないものをたとえていうんだ。高価なものや美人なんかに使われることが多い。「彼女はぼくには高嶺の花だ。デートを申し込むなんて無理だ」なんてことになると寂しいね。

「蝶よ花よ」。蝶も花も可憐でかわいいことから、親が子どもを厳しくしつけるのではなく、大事に優しく育てること。男の子にも使うことはあるが、おもに女の子に使う。「彼女は蝶よ花よと育てられたから、家事をやったことなんかないんだって」なんてふうに使う。江戸時代は「蝶や花や」と言っていたらしく、そこから「ちやほや」という言葉ができたとされる。

似たことわざに「乳母《おんば》日傘《ひがさ》」がある。これは乳母《うば》（母に代わって乳を与える女性）がついて、日焼けしないようにいつも日傘を差して育てるという意味から、いまでいうと過保護に育てることだ。

ミステリーハンターQの
歴男歴女養成講座

山本勇
中学３年生。幼稚園のころにテレビの大河ドラマを見て、歴史にはまる。将来は大河ドラマに出たいと思っている。あこがれは織田信長。最近のマイブームは仏像鑑賞。好きな芸能人はみうらじゅん。

春日静
中学１年生。カバンのなかにはつねに、読みかけの歴史小説が入っている根っからの歴女。あこがれは坂本龍馬。特技は年号の暗記のための語呂合わせを作ること。好きな芸能人は福山雅治。

ミステリーハンターQ（略してMQ）
米テキサス州出身。某有名エジプト学者の弟子。1980年代より気鋭の考古学者として注目されつつあるが本名はだれも知らない。日本の歴史について探る画期的な著書『歴史を掘る』の発刊準備を進めている。

検《け》非《び》違《い》使《し》

今月号のテーマは、「検非違使」、けびいし、と読むよ。平安時代に設置された検非違使の役割とその変化を勉強しよう。

勇 今年は検非違使が設けられてから1200年って聞いたけど、そうなの？

MQ 検非違使の設置が816年だとはっきりしているわけではないけど、816年に初めて文献に登場するんだ。だから、そのころ設けられたものだと考えられている。嵯峨天皇が弘仁年間（810〜823年）の前期に命じて作らせたことは間違いない。

静 検非違使ってなに？

MQ 「非違（犯罪などの不正行為）を検《あらため》る使い」という意味で、現在の警察や検察にあたる役職だ。令外官《りょうげのかん》の役職だ。

勇 令外官っていうのは？

MQ 当時は律令制《りつりょうせい》の時代だった。律は国家の仕組みなどを定めたもので、令は犯罪を取り締まるための法律のようなものだ。

701年の大宝律令などで定められたけど、検非違使はその律令制の規定とは関係なく設置されたから、令外官というんだ。

静 それまでは警察や検察のような役所はなかったの？

MQ 刑部省《ぎょうぶしょう》や弾正台《だんじょうだい》といった役所が担当していたけど、数も少なく、実際には一般の役人が取り締まったり、防犯的なことをしたりしていた。検非違使は当初、平安京の治安を守るために設置されたんだ。

勇 検非違使は全国的な組織だったの？

MQ 最初は都の治安維持が目的だったけど、のちには各国にも置かれるようになり、国検非違使と呼ばれた。895年（寛平7年）には検非違使庁が設置され、組織として体裁を整えていくんだ。

静 権力を握っていくのね。

MQ 検非違使はその後、治安機関である弾正台の仕事も奪うようになり、さらには裁判所の仕事も行い、司法全般を掌握して大きな権力を持つようになる。また、台頭してきた武士の出世コースともなっていくんだ。

勇 それじゃ、検非違使はいつまであったの？

MQ 平安末期になると、相変わらず検非違使になる武士もいたけど、多くの武士は北面の武士などになって、治安維持にあたるようになり、検非違使の仕事を奪っていく。平安時代の末期には有名無実化してしまうんだ。鎌倉時代には幕府が京に六《ろく》波羅探題《はらたんだい》を置いて治安を担当させたため、検非違使は消滅してしまうんだよ。

サクニュー！ ニュースを入手しろ！

SuccessNews

▲PHOTO 伊勢志摩サミットのロゴマークを発表する（左から）三重県の鈴木英敬知事、制作者の宇津宮志歩さん、安倍晋三首相ら（2015年12月28日）写真：時事

今月のKeyword▼

伊勢志摩サミット

伊勢志摩サミット（第42回先進国首脳会議）が5月26日、27日の2日間、三重県志摩市で開催されます。

三重県が旧国名の伊勢、志摩などから成っているため、こう呼ばれます。サミットとは英語で「頂上」の意味で、ここでは首脳をさします。

サミットは年１回開催されており、今回は日本、アメリカ、イギリス、ドイツ、カナダ、フランス、イタリアそれにＥＵ（欧州連合）の代表が集まります。日本、イギリス、ドイツ、カナダ、イタリアは首相、アメリカとフランスは大統領です。

1975年（昭和50年）、当時のフランスのジスカールデスタン大統領が世界経済について話しあうために、日本、アメリカ、イギリス、ドイツに呼びかけ、さらにイタリアが加わって始められたのが第1回のサミットです。場所はフランスのランブイエだったため、ランブイエサミットといわれました。以後、毎年1回、各国が持ち回りで開催するようになりました。

通信網、交通網の発達、経済のグローバル化などで、どの国も単独で問題を解決できることが難しい状況となっており、先進国首脳が話しあう場が必要だったのです。

翌年の２回目からはカナダが参加、参加国は7カ国となり「G7（ジーセブン）」と呼ばれました。日本での最初の開催は1979年（昭和54年）の東京です。

当初は石油、貿易など経済問題に主眼が置かれていましたが、現在では安全保障問題や環境問題、移民問題、貧困問題など幅広い分野が議論の対象になっています。

1991年（平成3年）にソ連が崩壊し、新たに誕生したロシアが徐々に自由主義経済を取り入れたため、1998年（平成10年）の第24回サミットからロシアが参加するようになり、「G8（ジーエイト）」となりました。

しかし、ロシアは武力を背景にしてウクライナのクリミア併合を行ったため、西側諸国は強く反発し、2014年（平成26年）からは参加を認めていません。今回の伊勢志摩サミットにも出席しません。

伊勢志摩サミットでは中国経済の落ち込みや原油安問題に影響された世界景気の低迷、安全保障問題、シリア内戦、イスラミックステーツ（ＩＳ）を中心とした国際テロ、難民問題、さらにはエボラ出血熱、ジカ熱などの保健医療問題も話しあわれる予定です。日本としては北朝鮮の核、ミサイル問題、中国の海洋進出、経済問題などを議題にしていきたい考えです。

サクセス書評 4月号

「覇権」はどのアニメのもとに？

今月の1冊

『ハケンアニメ！』

最近は、その放送クール（一般的には3カ月）や1年間で最もDVD・ブルーレイディスクなどの映像ソフトを売り上げたアニメのことを「覇権アニメ」というそうだ。

この「覇権アニメ」争いと、アニメ製作に携わる人々を描いたのが、今月紹介する『ハケンアニメ！』（なぜタイトルがカタカナかは読んでみればわかるよ）だ。

物語は4章に分かれていて、1〜3章はそれぞれ主人公となる人物を軸に進んでいく。

中堅アニメ制作会社のプロデューサー・有科香屋子、超大手アニメ制作会社の若き監督・斎藤瞳、新潟にあるアニメ原画スタジオのアニメーター・並澤和奈。

有科は、いつか仕事がしたいと願い続けてきた天才監督・王子千晴と、ついにアニメを作る機会に恵まれた。

しかし、そのアニメ『運命戦線リデルライト』（通称リデル）の制作発表を前にして王子が突然姿を消し、現場は大混乱。このままでは監督交代も仕方なしという状況にあっても、なんとか彼と仕事をやり遂げたいと願う有科の前に王子は舞い戻ってくるのか。

そんな『リデル』と同時期に放送することが決まっているアニメの1つに、斎藤が監督する『サウンドバック　奏の石』（通称サバク）がある。自身が所属する超大手・トウケイ動画の敏腕プロデューサー・行城理の仕切りのもとで、商売気ばかりが先行するように見える彼のやり方に反発を抱くが、王子への憧れ、そして対抗心から「覇権を取りたい」と制作に没頭していく。

そして、この両アニメに、イラストレーターの1人としてかかわっている並澤も、この2作、とくにサバクがキッカケで、自身の人生観・価値観が大きく変わっていく。

アニメの制作現場は過酷だと言われており、実際にそういった描写が本作にも頻繁に登場する。

しかし、それ以上に彼女たちの仕事に対する真摯《しんし》さや、アニメへのどうしようもないような愛があふれていて、「全力で物事に打ち込んでいる」人たちの気持ちがダイレクトに響いてくるよ。

『ハケンアニメ！』
著／辻村深月
価格／1600円＋税
刊行／マガジンハウス

サクセスシネマ

VOL.74

SUCCESS CINEMA

スポーツに夢中

シコふんじゃった。

1991年／日本
監督：周防正行

『シコふんじゃった。』
価格：2,800円＋税
発売元・販売元：株式会社KADOKAWA

相撲部の明るく楽しい奮闘記

みなさんは日本の国技である相撲に興味はありますか。本作は相撲に興味のなかった主人公が相撲部で奮闘する物語。

大学４年生の秋平は、就職先も決まり、卒業を待つばかり。ところが、１人の教授から「欠席が多いから単位を与えられない」と宣告され、卒業が危うくなってしまいます。そこで教授が単位との交換条件に出したのが、顧問をする相撲部に入り試合に出場すること。秋平は条件をのみ、入部しますが、先輩は１人だけで廃部寸前。まずは部員探しから始めます。

イギリス人留学生や部員に恋するマネージャーの入部、子どもたちとの相撲対決など、さまざまな出来事が起こります。先輩は緊張するとお腹をくだしたり、イギリス人留学生がおしりを出すのは恥ずかしいと、まわしの下にスパッツをはいたりと、登場人物にも個性があり、随所に笑いがちりばめられています。廃部のピンチを乗り越えながら相撲部が輝きを増していく様子を楽しめる映画です。内《うち》無双《むそう》など、技の紹介や、練習に真剣に取り組むようになる秋平の姿から、相撲の奥深さも感じることができます。

バッテリー

2006年／日本
監督：滝田洋二郎

『バッテリー』
価格：2,800円＋税
発売元・販売元：株式会社KADOKAWA

野球少年の友情を描く青春映画

野球少年・巧が主人公。迫力の投球シーン、強豪バッターとの対決など、野球の魅力がつまった作品です。

ピッチャー・巧の投げる球は、超一級品。しかし、その球を受けられるキャッチャーはなかなかいません。そんななか、中学に入学する春休みに出会ったのが同い年の豪です。同じ中学に入学し、野球部でピッチャー・キャッチャーとしてバッテリーを組む２人。しかし、どんどん進化を遂げる巧の球を、豪は受け止めることができなくなってしまい、巧自身も過去のある苦い記憶が蘇り、全力で投げることができなくなるのでした。

物語の焦点となるのは、ピッチャーとキャッチャーの信頼関係。過去のトラウマや病弱な弟ばかりに関心を向ける親との関係などから、心を閉ざしていた巧が、豪とのバッテリーを通じて、少しずつ心を開いていく様子に心温まる作品です。本気でぶつかりあい、信頼しあえる友だちがいることのすばらしさを感じられます。野球が好きな人はもちろん、そうでない人も、その魅力を存分に味わえることでしょう。

がんばっていきまっしょい

1998年／日本
監督：磯村一路

『がんばっていきまっしょい コレクターズ・エディション』
価格：3,980円＋税
発売元：フジテレビ・ポニーキャニオン・アルタミラピクチャーズ
販売元：ポニーキャニオン

ボートに情熱を注ぐ女子高校生

敷村良子の小説を原作とする映画。タイトルの「がんばっていきまっしょい」は、原作者の地元・愛媛県のある高校で気合い入れに使われているかけ声です。

悦子は進学する学校は決まったものの、高校でしたいことが見つかっていません。そんなある日、海を眺めていると、一艘《そう》のボートが横切ります。大きなかけ声に合わせ、力強くオールを漕《こ》ぐその様子に魅了され、悦子は高校で女子ボート部を立ち上げることに。ところが集まった部員たちは、体育会の部活動経験ゼロ。それでも地道な活動を続けるうちに、勝利への意欲とボートを漕ぐ楽しさ、そして仲間と過ごす時間に喜びと充実感を感じるようになるのです。彼女たちを見ていると、みなさんも高校で夢中になれることを見つけたい！　と思うはず。

ボートの舵を取り、元気のいい声でメンバーを鼓舞するコックス、漕ぎ手の中心となるストロークなど、競技におけるそれぞれの役割も知ることができ、きっとボートの魅力を感じることができるでしょう。「がんばっていきまっしょい」のかけ声が耳に優しく響いてきます。

なんとなく得した気分になる話

身の回りにある、
知っていると勉強の役に立つかも
しれない知識をお届け!!

シュークリームはキャベツ?

甘いものが食べたいなあ。先生、なにかおごって!

先生もちょうど甘いものが食べたかったんだ。

ボク買ってくるよ。

じゃあ、お願いしようかな。キミはなにを食べる?

シュークリームかな。

「シュークリーム」って、どういう意味だと思う?

あっ、クイズでやってた。確か、キャベツだよね。

そう。すごいな! シューは、フランス語でキャベツなんだよ。フランス語では、「シュー・ア・ラ・クレーム」、つまりクリーム入りキャベツってわけだ。

へ? じゃあ、エクレアは?

シュークリームの細い感じのやつだよね。これはフランス語の「エクレール」から来ているんだ。エクレールは稲妻という意味で、食べるときになかのクリームが飛び出さないように素早く食べるところから、この名がついたらしいんだ。まあ、シューの部分の亀裂が稲妻に見えるとか、シューの部分にかかっているチョコが稲妻に見えるとか色々な説があるけどね(笑)。

さすが先生。甘党だね〜。もっとケーキのおもしろい語源はないの?

う〜ん…。そうだ、プリン!

プリンの語源はなに?

英語で「プディング」というんだ。これを日本人が「プリン」と聞いたという説と、見た目からプリンという説もある。

見た目がプリン…。わからないでもないね(笑)。

フランス語では「クレーム・ランベルセ」という。クレームはフランス語でクリーム。これは想像がつくね。じゃあ、フランス語でランベルセはなんだと思う?

見た目プリンのぷるんぷるんした状態とか?

残念。「ひっくり返す」だ。

えっ? ひっくり返す? なんで?

プリンは皿の上にひっくり返して乗せるかららしい。

全然、見た目のぷるんぷるんと関係ないんだね。

じゃあ、クレープは?

好きだよ。

そうじゃなくて、クレープの語源だよ。

クレープ、クレープ、グレープ? もしかしてブドウとか?
それともグレープフルーツ?

これは難しいんだ。小麦粉に牛乳や玉子を混ぜたものを鉄板で薄〜く丸〜く焼いたクレープは、ラテン語のクリスプスから来ている。ラテン語のクリスプスは「縮れている」ことをいうんだ。クレープって表面がなんとなく縮んだ感じしない?

う〜ん。それはちょっと違うような気が…。

でもそうらしい。

そろそろ甘いものを買いに行きたいんだけど…。

そうだったね。キミはシュークリームで、私は…バウムクーヘンにしよう。

バウムクーヘン?

さあ、意味は?

年輪!

OK! 正確にはドイツ語のバウムが「木」、クーヘンが「お菓子」、そこから木の輪切りをイメージして年輪なんだな。

ほんと、先生はよく知ってるよね。

まあね、年輪を重ねただけあるよ。

それって年寄りってことだよね。

…(苦笑)。

ご提案型の教育旅行会社って？

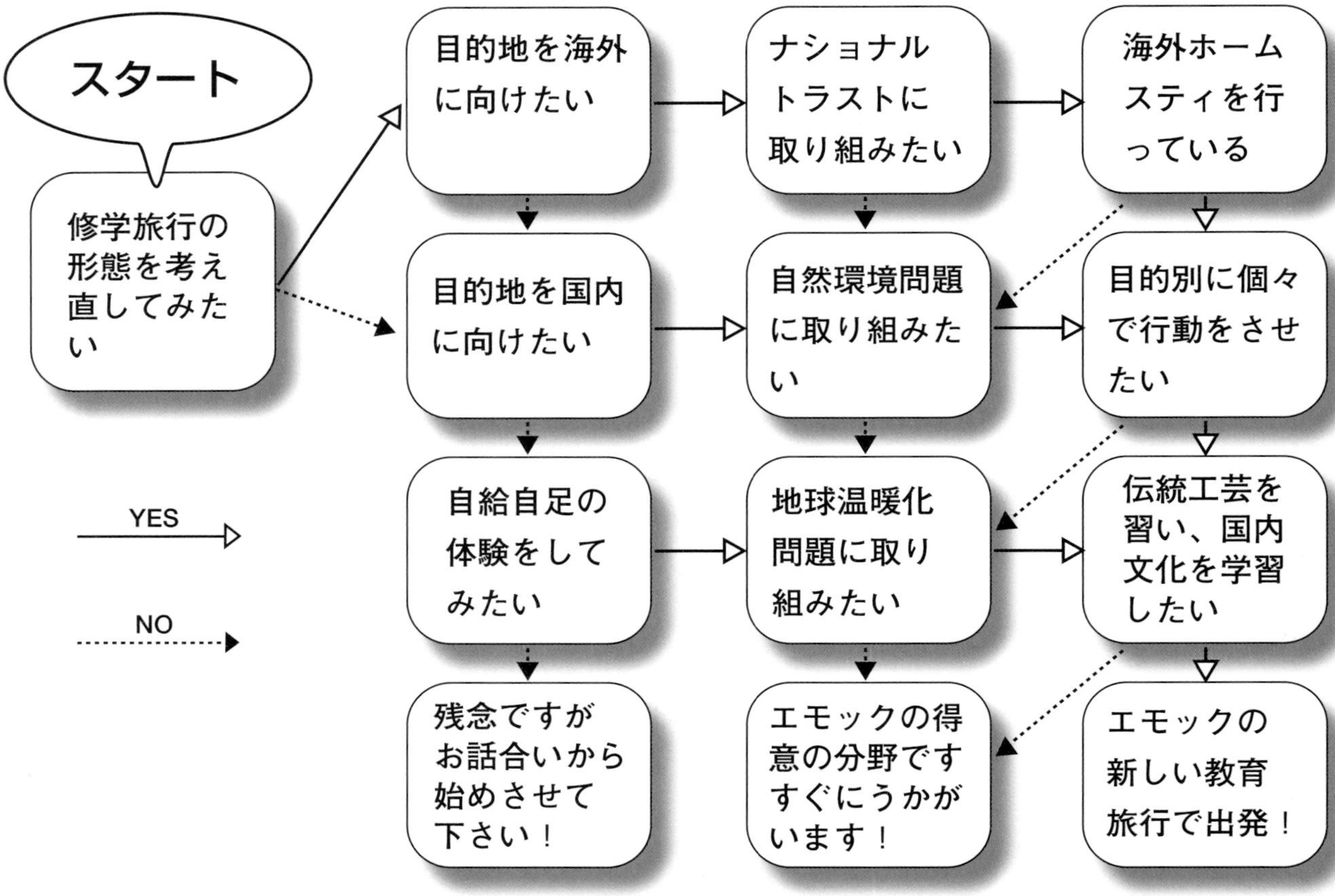

従来の名所旧跡を訪ねる修学旅行から、最近ではさまざまなテーマを生徒個々または小グループごとにコンセプトメークしひとつの社会貢献の一環として、位置づける学習旅行へと形態移行しつつあります。

小社では国内及び海外の各種特殊業界視察旅行を長年の経験と実績で培い、これらのノウハウを学校教育の現場で取り入れていただき、保護者、先生、生徒と一体化した旅行づくりを行っております。

一例

- ●海、山、川の動物、小動物の生態系研究
- ●春の田植えと秋の収穫体験、自給自足のキャンプ
- ●生ごみ処理、生活廃水、産業廃棄物、地球温暖化などの環境問題研究
- ●ナショナルトラスト（環境保全施設、自然環境、道の駅、ウォーキング）
- ●語学研修（ホームスティ、ドミトリー、チューター付研修）など

[取扱旅行代理店]　**（株）エモック・エンタープライズ**

担当：山本／半田

国土交通大臣登録旅行業第1144号　日本旅行業協会正会員（JATA）
東京都港区西新橋1-19-3　第2双葉ビル2階　☎ 03-3507-9777（代）
E-mail:amok-enterprise@amok.co.jp　URL:http://www.amok.co.jp/

高校受験 ここが知りたい Q&A

Question & Answer

Q

公立高校も各校で違いはあるんですか？ また、その違いを知る方法は？

　私立高校は各校ごとに違いがあるのは理解できるのですが、公立高校はどこも似たような感じなんでしょうか。もし違いがあったとして、ぼくたち中学生がそれを知る方法があれば教えてください。入学しないとわからないのでしょうか。

（東京都江戸川区・中１・YK）

A

各校の特色を知るには周囲に聞いたうえで 自分の目で確かめるのがおすすめです。

　まず公立高校はどこも似たような感じなのかというお尋ねですが、各校にはそれぞれ特徴があります。大学生になって全国の高校から集ってくる友人に話を聞くと、公立高校も各校によって学校の様子が大きく違うことに驚くことでしょう。

　学校の設置者（だれが学校を創設したか）が、都や県であるという共通項が公立高校にあるだけで、歴史や伝統、地域的特色、校風などは異なりますし、普通科以外の専門科（理数科や国際科など）がある学校もあります。もう１つ共通しているのは、男女共学であることが多い（埼玉県や千葉県など一部の県では、公立の男子校・女子校もあります）ということくらいでしょう。

　そしてもちろん、こうした各校の違いは入学前に知ることができます。様子が最もよくわかるのは、その学校の在校生に聞いてみることです。生徒がどんな意識で生活しているのか、どんな学校行事があり、どんなことに力を入れているのかなど、具体的に話をしてくれると思います。

　また、現在通っている塾の先生に聞いてみるのもいいでしょう。塾の先生は多くの卒業生から各校の様子を耳にしていたり、各校を訪問した経験もあるため、それぞれの学校の特徴をよくご存じだからです。学校の先生も同様だと思います。さらに文化祭や体育祭などの公開行事を訪れてみると、各校の違いがより実感できるはずです。

Success Ranking

世界・日本への訪問者数ランキング

町を歩いていると外国人をよく見かけるよね。日々多くの人が観光や仕事で日本、そして世界各国を訪れている。外国からの訪問者が多い国はどこなのか、日本を訪れているのはどこの国の人が多いのか見てみよう。

世界各国・地域への外国人訪問者数

順位	国	人数
1	**フランス**	8370万
2	アメリカ	7475万7000
3	スペイン	6499万5000
4	中　国	5562万2000
5	イタリア	4857万6000
6	トルコ	3981万1000
7	ドイツ	3300万5000
8	イギリス	3261万3000
9	ロシア	2984万8000
10	メキシコ	2909万1000
11	香　港	2777万
12	マレーシア	2743万7000
13	オーストリア	2529万1000
14	タ　イ	2477万9000
15	ギリシャ	2203万3000
16	カナダ	1652万8000
17	ポーランド	1600万
18	サウジアラビア	1509万8000
19	マカオ	1456万6000
22	日　本	1341万3000

日本への国・地域別訪問者数

順位	国	人数
1	**台　湾**	283万
2	韓　国	275万5000
3	中　国	240万9000
4	香　港	92万6000
5	アメリカ	89万2000
6	タ　イ	65万8000
7	オーストラリア	30万3000
8	マレーシア	25万
9	シンガポール	22万8000
10	イギリス	22万
11	フィリピン	18万4000
12	カナダ	18万3000
13	フランス	17万9000
14	インドネシア	15万9000
15	ドイツ	14万
16	ベトナム	12万4000
17	インド	8万8000
18	イタリア	8万1000
19	ロシア	6万4000
20	スペイン	6万1000

※数値は2014年のもの、百の位を四捨五入
※日本政府観光局（JNTO）調べを基に作成

受験情報

高校英語

大阪府公立校の英語入試に外部テストを導入

大阪府教育委員会は２月、2017年度（平成29年度）の大阪府公立高校入学者選抜・学力検査の英語で、外部テストのTOEFL iBT、IELTS、実用英語技能検定（英検）を活用することを発表、スコアなどに応じた最低保障点数を示した。

対象となる外部テストのスコアを、大阪府が独自に設定した読み替え率を用いて、英語の学力検査の得点に反映させる。

英語の学力検査で満点が保障される読み替え率100％は「TOEFL iBT 60～120点」「IELTS 6.0～9.0」「英検準１級」。

読み替え率90％は「TOEFL iBT 50～59点」「IELTS 5.5」で、特別選抜（45点満点）41点、一般選抜（90点満点）81点が最低保障される。

読み替え率80％は「TOEFL iBT 40～49点」「IELTS 5」「英検２級」で、特別選抜36点、一般選抜72点が最低保障点数となる。

この動きは大学入試の変化に対応したもので、首都圏の高校入試にも波及しそうだ。

東京

都内公立校の年間学校教育費増加、都立高校は約６万円

東京都教育委員会は２月、都内の公立学校の保護者が2014年度（平成26年度）に負担した学校教育費を公表した。

都立高校生１人あたりの経費は５万8095円だった。

この調査では、保護者が支出した教育費のうち、教材費、学校給食費、遠足・修学旅行代など学校に納入した経費が対象。

学校教育費の実支出額を生徒１人あたりでみると、都立高校（全日制）は、前年と比較すると、1434円（2.5％）増加し、５万8095円となった。

都立高校（全日制）の１人あたりの費用で最も多い支出先は、遠足・修学旅行などで２万9816円（構成比54.3％）。次いで生活・進路指導8728円（15.9％）、儀式・学校行事6301円（11.5％）、教科活動5877円（10.7％）だった。

東京都教育委員会のWebサイトでは、さらに詳しく知ることができる。

Educational Column

15歳の考現学

思考力、判断力、表現力重視へと「学び」の変化に合わせ動き出している高校入試

森《もり》上《がみ》 展《のぶ》安《やす》

森上教育研究所所長。1953年、岡山県生まれ。早稲田大学卒業。進学塾経営などを経て、1987年に「森上教育研究所」を設立。「受験」をキーワードに幅広く教育問題を扱う。近著に『教育時論』（英潮社）や『入りやすくてお得な学校』『中学受験図鑑』（ともにダイヤモンド社）などがある。教育相談、講演会も実施している。
HP：http://www.morigami.co.jp
Email：morigami@pp.iij4u.or.jp

学力検査に限らず 内申さえ視点が変わる

新学習指導要領になって、教える内容が少し先祖返りし「ゆとり教育」のころに比べて難しくなっている、ということは理解していたのですが、そのことから、当然とはいえ、1都3県の高校入試問題も、じつは少し難しくなっていたのですね。

その点に、少々認識不足だったことを最近知りました。

例えば埼玉県公立の高校入試ですが、来年から社会、理科の検査時間が40分から50分に変更されます。

理由は、新学習指導要領に沿って、いわゆる思考力、判断力、表現力などの能力をみよう。そのために、しっかりと考えて解答する時間を確保しましょう、ということなのです。つまり、ちょっと難しくなりそうだなあ、ということですね。

その一方で、数学と英語については、少し易しくなるそうです。昨年の入試で正答率が極端に低い問題があったことから、取り組み易い問題に変えようという経過のようです。

この埼玉県の変化は、大なり小なり他都県も同じです。同じく「考えて解答する」問題への変化が基調にある、と考えていいでしょう。

しかも、東京都の改革では、5教科はテスト重視、技能4科は内申重視というように変化します。

そして、おそらく入試当日のテストを重視するぶん、そのテストは、日ごろの授業の取り組みを活かし、暗記に頼れない、考える問題にシフトしようということのようです。

そうなると、日ごろの授業部分の評価は、中間・期末の定期考査で内申として評価されるものの、その比重は軽くなります。その評価は、思考力、判断力、表現力をみるのですから、従来の知識理解の確認テストとは、評価の目的も違えば手法も違うわけで、学校ごとにさまざまな評価が生じるでしょうし、それでよいというか、そうならざるをえません。

したがって、この到達度を測るテストをいっせいに行う、それが入試のテストだ、というイメージでしょうか。そうなると、定期考査のため直前に自宅でガリ勉をするなどというスタイルも様子が違ってくるでしょう。むしろ毎日の学校の勉強に備えて下調べをする、あるいは調べたことをプレゼンすべく仕込みをする、という授業のアクティブラーニング化に対応する学習スタイルが中心に

なるでしょう。

こうした日常の学習を評価につなげるには、定期考査もさることながら、学校外のコンクールやコンサートなど学外の場での成果発表とその認証ということが重きをなしていくことになります。

先日、東大に初めて導入された推薦入試で、**栄東高校**から合格した生徒はテレビのクイズ王であり、SSHでの発表がおもな活動歴でした。クイズ王の方はともかく、SSHという全国規模の発表・認証の場で評価を受けたことが合格につながったのでしょう。

こうした成果は、テーマ設定そのもののよさに加え、その問題解決へのアプローチのよさなども評価を左右しますから、進行役ともいうべき教員のファシリテーター能力が大いにモノを言います。

そして、なによりも推進力になるのは、なにかをおもしろがる能力というべきかもしれませんね。

「考える」ことの前段に おもしろがり楽しむ姿勢

再び高校入試問題に話を戻すと、そういう授業での「考えることを楽しむ」ことの先に、入試問題も「考える」ことを促すような設問が中心を占めるようになるはずです。

例えば、大学新テストとの関係で話題になった、福井県立高校のある国語の問題があります（ネットで検索すると割と早く見つかります）。

それは、ある問題提起に対し、それを支える論拠となる資料について、その理由づけを吟味するような設問になっていました。

その問題文自体では、とくに難しい言葉が使われているわけでもありませんし、資料も読み解くのに難しい、というものではありません。

しかし、市民生活を送っていくうえではよく見かける程度の文書になっていました。

そういう意味では市民リテラシーとでもいうべき資質を問うものです。言語生活の目的の大きなものがそこにあるのですから、従来の読解問題とは趣が異なるとはいえ、まさに考えさせる問題になってもいました。このようなテストがこれからの国語で用いられるのではないか、と話題になったわけです。

そうなのです。もうすでにあちこちの公立高校ではこうした入試問題が出され始めているのです。

これを難しい、と受け取る必要はありません。現に一語一語は決して難しいわけではないのですから。

むしろこれまでのような、こう書かねば失点だ、という従来のテストと比べると、いわば答案を書く敷居は低いと言えます。

生徒それぞれが互いの トライ&エラーを尊重

それと同時に、こういう答案を書く際はこう書かねばいけない、ということはないので、トライ&エラーという言葉があるように、まずは考えられることを書き出してみることが大切です。しかし、それにはエラーがあってもトライを認める周囲の手助けが必要です。間違いを許容する文化とでもいうべきでしょうか。そのうえで、相互に建設的に考えを出しあい、より適切な答案に仕上げていくという作業が求められます。

しかし高校入試は、1人ひとりでやるのですから、日ごろは授業などで相互に研鑽《けんさん》し、こうした思考に慣れ、到達レベルとして、テスト（入試）で自分の頭でシミュレーションしつつ書いていくことになります。

そうするには日ごろから調べて自分なりに考えをまとめるということに習熟していくことが大切です。

さきほど紹介した栄東の場合、修学旅行などでの下調べ、当日のビデオ撮り、編集という一連の作業があるそうで、それを仲間と共同作業をしていくのだそうです。

確かに行事でこれをやると盛りあがりますし、楽しく作業ができるのでハードワークも苦になりません。チームで協働してやることで、チームの構成員の練度もあがります。入試勉強というと1人ひとりで、というイメージがありますが、これからは、こうしたチームでの取り組みが、お互いの刺激となって自身のスキルアップにつながっていく、というところも従来と異なる点です。

行事が同級生同士のチームとすれば、クラブやなんらかの校外の発表などは異年齢集団のチームが組めるよさもあります。

高校入試は、このように変わっていくはずです。気をつけなくてはいけないのは、基本となる正確な知識を身につけること、マイペースでできる時間と、アワーペースでやる時間をしっかり区別すること、マイペースのスピードをあげること（それでいて情報量を減らさないこと）などでしょうか。そしてICT活用力は必修ですね。

私立
INSIDE

選択の前に知っておきたい 私立高校のタイプとその違い

このページは、首都圏の私立高校を取りまく状況を、そのときどきのニュースもとらえながらお知らせしていくコーナーです。今回は２０１７年度（平成29年度）入試に向けた受験情報を読み進めていただくにあたって、私立高校にはどのようなタイプの学校があるのかを知って、その第1歩としたいと思います。

受験学年でなくても志望校は決めておきたい

中1、中2のみなさんのなかで、受験する高校をすでに決めている、という方は、まだ少ないと思います。

では、学校が決まってはいなくとも、将来どのような道に進みたいかを考えていますか。

高校受験のモチベーションを考えるとき、目標を持っている人といない人とでは、大きな差がついてしまいます。

また、受験のスケジュールを考えると、中1終了時点までに「行きたい高校」が決まっているにこしたことはありません。

そして、遅くとも中2に入れば目標とする高校を持っておくことが大切です。

その理由をいくつかあげてみましょう。

まず、中2の学習内容には、高校受験の際に、最も重要な内容が含まれています。

さらに、内申成績が受験に影響する時期であるにもかかわらず、部活動とのバランスが最も難しい時期なのが中2です。

ですから、中2にあがった時点で目標が定まっていないと、勉強のモチベーションを維持するのが難しくなり、どんどんと甘い方に流れていってしまう可能性があるのです。

3年後どんな道に進む？普通科と専門学科の違い

さて、学校選びにあたって、高校にはどんなタイプの学校があるのかを、まず知らなければなりません。

ここでは、首都圏の私立高校について考えていきます。今回はまず、学科の面から、高校のタイプについて考えます。

なお、66ページからの「高校入試の基礎知識」では、私立高校に限りませんが、男子校、女子校、共学校の違いを解説しています。そちらも学校選びの参考にしてください。

首都圏の私立全日制の高校を、学科の面から分けると、普通科と専門学科の高校とに分けられます。また、ごく少数ですが、その特徴を合わせ持つ総合学科高校もあります。

高校を選ぶときに、まず考えてほしいことは、3年後、高校を卒業したら、どのような道に進みたいのかということです。

将来の進路は、まだ中学生のみなさんにとっては難しい選択かもしれ

ませんが、少なくとも、大学受験をするのか、大学進学はせず、専門的な知識を身につけて就職に活かしたいのかという選択は必要です。

大学進学をめざすのであれば、普通科の高校を選ぶべきです。

その普通科から大学をめざす場合でも、進学校を選ぶのか、大学附属校を選ぶのか、という2つの選択があります。

そのほか、専門学科高校や総合学科高校から大学へ進む道も閉ざされているわけではありません。

普通科を選ぶ場合は 進学校か附属校かを選択

◆進学校

「進学校」とは、大学進学をめざす生徒が多く、大学受験体制の整った高校のことですが、なかでも、難関大学に多くの合格者を輩出している学校を、とくに「進学校」と呼んでいます。これらは、「難関校」や「上位校」とも呼ばれます。

大学進学率が高いということは、大学受験に対応した指導体制が整っていると考えることができます。授業でも進度の速いメソッドや進路別、習熟度別のクラス分けの実施など、学校ごとの工夫が見られます。

さて、その進学校を調べる場合ですが、大学進学実績を比較するとき、まず難関大学への合格者数を比べたくなります。

しかし、1人の卒業生が複数の大学に合格している場合もあります。

また、高校ごとに卒業生の人数が異なるので、合格者〝数〟の大小で高校同士を比較することはナンセンスです。

進学実績に自信があり、良心的な一部の高校では、大学別の進学者数と卒業者数、さらには現役生と浪人生別の進学者数まで開示しています。『現役合格者の比率』をチェックできれば、その学校が「現役での大学合格に力を入れている」のか、「浪人してでも難関大学進学をめざす」のかがわかります。

行きたい大学や文系・理系のどちらに進みたいのかが決まっている人は、希望大学への指定校推薦があるか、文系に強いのか理系に強いのかについても調べるとよいでしょう。

◆大学附属校

「進学校」に対比される学校として「大学附属校」があります。

早稲田大、慶應義塾大、明治大、青山学院大、立教大、中央大、法政大、日本大などの大学附属校は、系列大学に進学することを前提に教育を進めます。

これら生徒のほとんどが系列の大学に内部進学できる高校では、大学受験の準備に追われることなく自分のやりたい勉強や部活動などに打ち込むことができます。

ただ、これらの大学附属校を選ぶ際には、系列大学に自分の志望する学部があるか、その学部には何人が内部進学できるのかといった点もチェックしましょう。

医学部など人気のある学部は、大学附属校であっても大学進学後に相当な努力が必要となります。

また、これらの大学附属校で、系列大学以外の大学を志望する場合や、国立大学をめざしたり、系列大学に志望学部がない場合などは、大学受験の準備を自分でしなくてはなりません。大学附属校では他大学への受験体制が整っていない高校もあります。この場合は、予備校や塾などを活用していくことになります。

また、大学附属校であっても、他大学受験に熱心な学校もあり、これらは「半附属校」、「半進学校」などと呼ばれます。

これらの学校では、進学校に近い大学受験へのバックアップ体制がとられるのが普通です。ただし、他大学を受験する場合、もし失敗した場合にも系列大学への内部進学制度が使えるのかどうかもチェックしておきましょう。

このように、同じ大学附属校にも2つのタイプがあります。大学附属校を選ぶ段階で、将来の大学進学にあたって、どのような姿勢、進路選択で臨むのかを、しっかりと確かめておくことが必要です。

また、大学附属校といっても国立大学の附属校は、もともと研究目的のための設立で、高校から大学への推薦入学は、枠そのものが設定されていません。

大学へ進学を希望する場合に、幅広い大学から選択をしたいのであれば、大学進学に力を入れており進学実績が高い「進学校」を選ぶとよいでしょう。大学には進みたいがゆとりある高校生活を送りたい、または行きたい大学が決まっていて、その大学に附属高校があるのであれば、そこに進むとよいでしょう。

ただ、大学附属校から併設大学への推薦を受けるには、成績が一定以上必要という場合もあり、それに到達しないと大学進学時に苦労することもあります。入学前に、大学推薦状況について、確認しておきましょう。

専門学科高校と総合学科高校 大学への進学をめざす生徒も

この『サクセス15』をお読みになっている方は、大学進学をめざしている場合がほとんどでしょうが、高校を学科で分けた場合の、ほかのタイプの高校にも少し触れておきましょう。

◆専門学科高校

前述した進学校や大学附属校はいずれも普通科の学校です。

これらとは異なる「専門学科高校」とは、工業、農業、商業、家政、看護科などの専門教育を施す高校です。

こうした専門学科高校の高校生は、卒業後は専門知識を活かして就職する人が多くなります。

このタイプの高校では、専門的な知識や技術を身につけることができますから、社会に出れば即戦力として扱われます。また、簿記などの資格を高校在学中に取得することもできます。

大学受験も可能ですが、カリキュラムなどが大学受験には対応しきれていない場合があり、その場合は自分で努力することになります。

ただ、簿記などのように有益な資格を取得することで、大学のAO入試の対象になる場合も増えてきています。

専門学科高校が「職業系高校」と呼ばれることがあるのは、卒業すると就職していく生徒が多いからでもあります。しかし、右記の通り、最近では、専門学科で学んだ知識を活かして大学に進学し、研究や専門分野をさらに深く追究しようとする生徒も多くなっていますし、彼らを受け入れようとする大学も多くなっています。

入試で注意するべき点は、普通科高校の受験と変わりませんが、体育系や芸術系などの専門学科高校を受験する際は、実技が入試科目になっている場合が多く、事前に特別な準備も必要となります。

【おもな専門学科】

▽**工業系**　工業科・機械科・電気科・総合技術科・建築科・建設科・工業デザイン科

▽**農業・水産系**　農業科・農林科・園芸科・食品科学科・畜産科・緑地計画科・海洋科

▽**商業系**　商業科・情報処理科・国際会計科・ビジネスコミュニケーション科・総合ビジネス科

▽**芸術系**　芸術科・音楽科・美術科・映像芸術科・舞台芸術科

▽**家政系**　家政科・生活文化科・服飾科・食物科・保育科

▽**体育系**　体育科・保健体育科・スポーツ科学科

▽**看護・福祉系**　看護科・福祉科

▽**語学系**　英語科・国際コミュニケーション

◆総合学科高校

総合学科高校は総合高校とも呼ばれ、普通科の授業のほかに専門学科（理数科・外国語科・商業科・工業科・農業科など）の授業を選択でき、普通科高校と専門学科高校の特徴を合わせ持つ学校といえます。

総合学科高校では、普通科目と専門科目のさまざまな科目のなかから、自分の興味・関心・進路希望に合わせて幅広く学習ができますが、専門学科の科目を指定単位以上取得しなければならないことになっています。

総合学科高校は、そのほとんどが公立高校に設置されています。ごく少数ですが、私立高校、国立高校で総合学科を設置している高校もあります。

公立高校は変化している！

安田教育研究所 代表 安田 理

保護者の方が高校受験されたころは、公立高校はレベルの違いはあっても、教育内容にはそれほど大きな違いはありませんでした。しかし、ここへきて、公立高校によってはハッキリした特色が打ち出されるようになっています。今回は最近発表になった動きを取り上げましょう。

東京

一段と学校の「特色化」を打ち出す

東京ではこれまでも2001年（平成13年）に**日比谷**、**戸山**、**西**、**八王子東**を「進学指導重点校」に指定（その後**青山**、**立川**、**国立**の3校を追加指定）、2007年（平成19年）に**小山台**、**駒場**、**新宿**、**町田**、**国分寺**を「進学指導特別推進校」に指定、そのほか**九段**（2009年〈平成21年〉に閉校）、**三田**、**国際**（「進学指導特別推進校」に格上げされたあと、2016年〈平成28年〉からは指定解除）、**豊多摩**、**竹早**、**北園**、**墨田川**、**城東**、**小松川**、**小金井北**、**武蔵野北**を「進学指導推進校」に指定する（2010年〈平成22年〉に**江北**、**江戸川**、**日野台**、**調布北**の4校を追加指定）など、学校の性格づけを図ってきました。

このほか「進学重視型単位制高校」というものもあり、墨田川、国分寺、新宿が指定されています。

以上は上位校についての施策ですが、このほか中堅校についても、「学力向上開拓推進校」として、15校を指定しています。また、教育困難校についても、「チャレンジスクール」（中学校時代に学校生活になじめず、能力を十分発揮できなかった生徒が対象。無学年制で3部制〈午前部・昼間部・夜間部〉の総合学科）や「エンカレッジスクール」（中学校時代に学力面などで課題を抱えた生徒が対象。少人数・習熟度別授業、体験学習重視の普通科。「元気づける」という意味の名称は、まさに『名は体を表す』です）など、色々なタイプの学校を作ってきました。

専門学科の高校についても、科学技術高校、産業高校、進学型専門高校と、保護者の時代からある商業高校、工業高校、農業高校とは異なるタイプの高校がいくつも誕生しています。

さらに特色ある高校へ

2015年（平成27年）11月、東京都教育委員会は「都立高校改革推進計画・新実施計画（案）」を公表し、つい最近（2月12日）、それが正式に決定しました。中身は、①教育内容、②学校設置・課程変更、③教育諸条件など100ページ以上にもおよびますが、ここでは今回のテー

マに合わせて特色ある学校の設置についてだけ取り上げましょう。

【表】都立高校改革推進計画・新実施計画の一部

ICTパイロット校	タブレットＰＣの特長を活かした授業改善を図り、学力向上をめざすモデル校を指定	光丘高校、三鷹中等教育学校
理数イノベーション校	大学や研究機関と連携、最先端の実験・講義を受講できる機会を設けるなど、理数教育を牽引	（既設）富士高校・附属中学校、八王子東高校、南多摩中等教育学校
理数アカデミー（仮称）	６年間を見通した系統的な理数教育を推進	富士高校・附属中学校
医学部進学希望チーム	医学部への進学希望生徒同士でチームを結成。３年間一貫した育成プログラムを実施	戸山高校
スポーツ特別強化校	複数の運動部活動が全国大会や関東大会への出場を目標として競技力の向上を図るとともに、競技人口の少ない運動部活動を普及活性化	
国際色豊かな学校	国際交流や英語教育などに重点を置いた特色ある教育の充実を図る	白鷗高校・附属中学校

11月に案が公表されたとき、受験業界では、「医学部進学希望チームに指定される進学指導重点校はどこか?」、「理数アカデミー（仮称）に指定される中高一貫校はどこか?」「国際色豊かな学校はどこか?」などについて関心が持たれました。安田教育研究所が取材を進めたところ、それぞれ戸山、**富士**高・附属中、**白鷗**高・附属中であることがわかりました。2月12日の正式発表でも裏づけられました。

【戸山】 入学直後に「医学部進学希望者による『チームメディカル（仮称）』を募集（ホームルームは一般クラスに所属）、入学時の成績や希望動機等のエッセイにより20人を選抜し、高1から「医療系大学や研究機関などの見学や実習、大学等の教員の講演を聴講して、医師としてのキャリア教育を進める。医科学課題研究を始め2年で発表」という計画を立てています。同窓会には医学部教授、研究機関の研究員などが多いことから、同校が指定されたとみられます。

【富士高・附属中】「探究活動等の充実を図るとともに、大学や研究機関等と連携して最先端の実験・講義を受講できる機会を設けるなど、6年間を見通した系統的な理数教育を推進」するとしています。

【白鷗高・附属中】「日本人としてのアイデンティティの育成や国際交流、英語教育などに重点を置いた特色ある教育の更なる充実を図ります。また、帰国生徒や外国人生徒の受入れなどを行い、国際色豊かな学習環境を実現」するとしています。このほか、公表された計画には、新国際高校の設置も検討するとされています。

また、【表】の「ICTパイロット校」としては、**光丘と三鷹中等教育**が指定されています。このほか「アクティブ・ラーニング推進校」として15校を指定するとしています。このように新しい教育に対しても先頭に立って実践する学校を指定していくとしているので、お子さんにぜひこれからの時代に合った教育を受けさせたいと考えているなら、今後の学校名の公表に関心を持っていただきたいと思います。

神奈川

「学力向上進学重点校」の入れ替え

神奈川でも東京と同じように進学重点校の指定が行われています。2007年（平成19年）に「学力向上進学重点校」として**横浜翠嵐**、**光陵**、**柏陽**、**横浜国際**、**多摩**、**横須賀**、**鎌倉**、**湘南**、**平塚江南**、**小田原**の10校を指定しました。その後、2010年（平成22年）に**横浜緑ケ丘**、**希望ケ丘**、**川和**、**追浜**、**相模原**、**秦野**、**厚木**、**大和**の8校を追加指定しました。

その後、2013年（平成25年）、横浜翠嵐、湘南の2校をアドバンス校として牽引《けんいん》役に指定しています（蛇足ですが、大阪でも2011年〈平成23年〉に10の高校〈**北野**、**豊中**、**茨木**、**大手前**、**四條畷**《なわて》、**高津**、**天王寺**、**生野**、**三国丘**、**岸和田**〉で通学区を問わない「文理学科」という名称の専門学科をスタートさせていますが〈学区内に限られる普通科も併置〉、2016年からはさらに北野と天王寺の2校はすべて文理学科にするという高学力層がより集中化する施策を打ち出しています）。

神奈川でもつい最近（2016年2月）「県立高校改革実施計画」が公表されました。東京と同じように、

・理数教育推進校（5校）多摩、希望ケ丘、横須賀、平塚江南、相模原

・グローバル教育推進校（6校）**神奈川総合**、**横浜平沼**、**横須賀明光**、鎌倉、小田原、**大和西**

などが指定されています。

計画のなかで目についたのは、「学力向上進学重点校」から横浜国際、追浜、秦野が外れ、横浜平沼、**茅ケ崎北陵**が入ったことです。このように指定の入れ替えもあるのです。

2016年の高校も、あくまで2カ年にわたってエントリー校として指定するわけで、2年後に成果を検証して2018年（平成30年）に新たな「学力向上進学重点校」を指定するとしています。

多くの都府県で、こうした進学重点校に指定されるためには

・大学入試センター試験で650点（5－6型：800点満点）以上得点者数が3年間の平均で○○名以上であること

・国立大学合格者が○○名以上であること

といった数値目標が掲げられていることが多く、いま公立の上位高校は競争環境におかれているというのが現実です。

「国際バカロレア」に公立高校も進出

海外の大学への入学資格が取れる国際標準の教育プログラム、IB（インターナショナル・バカロレア）プログラムを学ぶには高額な学費がかかると言われてきました（ちなみに**玉川学園**のIBクラスの授業料は年間170万円くらい）。IBプログラムというと、インターナショナル・スクールかごく一部の私立高校の世界でしたが、この世界にも授業料無償の公立高校が進出してきています（国立ではすでに**東京学芸大学附属国際中等教育**があります）。

東京の国際には2015年「国際バカロレアコース」が設けられたことが初めてですが、神奈川でも先の「県立高校改革実施計画」によると、横浜国際を国際バカロレア認定推進校として位置づけています。

以上のように、よく知られているSSH（スーパーサイエンスハイスクール）、SGH（スーパーグローバルハイスクール）といったもの以外にも、公立高校の「特色化」は急速に進んでいます。同時に学校差も拡大しているのが近年の公立高校の現実です。

ですから、公立高校はどこも似たようなものと、入学の難易度だけで考えるのではなく、お子さんを伸ばしたい分野があったら、それに合った学校を探すということが大切になってきています。

公立 CLOSE UP

BASIC LECTURE

高校入試の基礎知識

男子校、女子校、共学校 それぞれの違い

このページは、受験生や保護者のみなさんに「高校入試の基礎知識」を知ってもらうコーナーです。先月号では学校選びの基礎知識①として、「国立、公立、私立高校の違い」を見てみました。今月号では、その②として「共学校と男子校、女子校の違い」を見てみましょう。

男子校、女子校、共学校 それぞれによさがある

首都圏の公立高校は、そのほとんどが共学校です。東京、神奈川の公立高校はすべてが共学校ですが、埼玉と千葉の公立高校には男子校、女子校があります。

私立高校には、都県を問わず多くの男子校、もしくは女子校がありますが、ここ10年ほど、伝統ある男子校や女子校が共学校へと移行するケースが増えました。とくに高校募集のある女子校は少なくなっており、上位校では**慶應女子**、**豊島岡女子学園**（いずれも東京）が残っているぐらいです。

ただ、私立高校はそれぞれの教育理念で運営されており、男子校、女子校を選択することができるのも私立高校ならではの成り立ちと言えます。公立高校は共学校がほとんどであるだけに、その特徴が際立つのが私立の男子校、女子校の存在とも言えます。

ここ数年、共学校の人気が続いています。しかし、周囲の雰囲気に押されて初めから「共学校だ」などと志望を決めつけるのではなく、自らの性格を、家族や学校の担任、部活の顧問に聞いてみるなどして、じっくりと考えてみましょう。

また、共学か男女別学かを選ぶ作業の前に、自分はどんな高校生活を送りたいのかということをしっかりと思い描き、どのタイプの高校が自分にとってよいのか、充実した高校生活を送ることができるのかも考えてみる必要があります。

そして、男子校、女子校、共学校それぞれの特徴を知るためには、やはり「学校に行ってみる」ことが大切です。

学校説明会については、他の機会にお話しできると思いますが、さまざまな行事などを通じて、各高校の特徴、雰囲気などを知ることに努めましょう。

男子校

首都圏公立高校のなかで、男子校は、埼玉の5校のみ（**県立浦和**、**春日部**、**熊谷**、**川越**、**松山**）ですが、国立高校では東京に**筑波大附属駒場**があります。

東京、神奈川、埼玉では、多くの私立男子校が、伝統校として歴史ある校風を受け継いでいます。

しかし、千葉の私立高校には、男

子校はなくなっています。

男子のみという環境で育む友人関係が強固で、卒業しても長いつきあいになることが多くなります。学習のみならず部活動や文化祭・体育祭などの学校行事を徹底してやりぬくのも男子校の優れた点といえます。

先輩からの学びも印象に残り、大学入試への挑戦でも、よい影響を受けることが多くあります。男子同士で切磋琢磨し、スポーツや進学で高い実績をあげている男子校が多くあります。

女子校

首都圏公立高校の女子校は、埼玉に7校（**浦和第一女子**、**春日部女子**、**川越女子**、**久喜**、**熊谷女子**、**鴻巣女子**、**松山女子**）、千葉に2校（**木更津東**、**千葉女子**）、国立高校では東京の**お茶の水女子大附属**があります。

私立高校には多くの女子校があります。伝統のある女子校がめだち、創立者も女性が多く、また、宗教系の学校も見られます。

私立高校のみならず、公立、国立でも、それぞれ特徴ある教育理念を掲げて女子教育を行っています。

異性の目を気にすることなく、個性を積極的に出せるのも特徴です。カリキュラムや部活動でも女性ならではの特性を活かした側面が見られます。男子がいないことから、学校行事での力仕事なども女子が分担して活動していくことになります。

共学校

共学校だった公立中学校から共学校に進学する場合、環境が変わらずスムースに溶け込めるのもプラス面の1つです。ただ、同じ共学校の私立高校でもそれぞれ独自の教育理念で運営されていますから、「共学校」というくくりでも、学校ごとにそれぞれ独自の校風があります。

共学校では、男女がお互いの違いとよさを認め合い、相互に優れた点を吸収することができます。

このほか、首都圏では**國學院久我山**（東京）、**桐光学園**、**桐蔭学園**（ともに神奈川）の3校が「別学校」と呼ばれる学校です。同じ敷地内に男子、女子がともに在籍していますが、クラス編成、授業、教室はほとんど共有しません。部活動、行事などは男女がいっしょに活動している学校もあります。「併学校」と呼ばれることもあります。

学校生活を送るうえでなにが違うのか

では、男子校・女子校と共学校では学校生活を送るにあたってなにが違うのでしょうか。

●授業の違い

大学受験に必要な教科などをみると、授業の内容は基本的にほとんど違いはありません。違いがある授業をあげれば、女子校でしつけや情操教育の一環として、時間割に「礼法」「華道」や「園芸」の時間がある学校があります。また、英語に力を入れ、授業数も多くなっている学校も女子校の方に多くみられます。

一方、男子校では、男子校だからといって、授業に特別な要素を用意しているという学校は、女子校ほどはありません。

私立男子校の一部に武道が必修の学校があったり、数学や理科など理数系の科目の時間を多めに取っている学校がある程度です。

●学校行事の違い

「体育祭」「文化祭」「合唱祭」「海外研修旅行」……など、ほとんどの学校行事は男子校・女子校・共学校で同じように行われています。ただ、行事のなかのプログラムとして、女子校の体育祭で「扇の舞」などの集団ダンス、男子校では勇壮な「騎馬戦」「棒倒し」が行われ、その特徴が現れます。冬の学校行事として、女子校では「百人一首大会」が定番ですが、男子校、共学校ではあまり見られません。

●部活動の違い

「やってみたい部活動が進学した学校になかった」というミスマッチは避けたいところです。共学校であれ、男子校、女子校であれ、人気のある部活動はどこの学校にもありますが、部の有無は、男子校・女子校・共学校の違いよりも、総生徒数の違いによることが多くなります。

男子校の運動部にはさまざまな部があることが多く、共学校よりバラエティーに富んでいます。ただ、部員数は人気のあるサッカー部などに偏っていることが今後の課題となっている学校もあります。

共学校では、男女ともに楽しめるスポーツでの交流や、マネージャーとしての活動を通してアイデンティティーの確立が促されるなどのプラス面があります。

2月号の答えと解説

問題　論理パズル

下のように東西に引いた直線の上にＡ～Ｆの6人が立っています。

西　—○—○—○—○—○—○—　東

ただし、6人の向いている方向はばらばらで、それぞれ東西南北のいずれかを向いています。6人は、自分の向きや周りの人について、次のように言いました。

Ａ：「ぼくの前方には３人いるけど、３人ともぼくと違う方向を向いているよ」

Ｂ：「ぼくと同じ方向を向いている人はいないよ」

Ｃ：「ぼくの右どなりはＡ君だよ」

Ｄ：「ぼくのすぐ後ろはＢ君だよ」

Ｅ：「ぼくの左どなりはＡ君だよ」

Ｆ：「ぼくのすぐ後ろはＣ君だよ」

このとき、互いに立っている向きが反対であるのは、次のア～オのうちどれでしょう。

ア　ＡとＢ　　イ　ＢとＣ　　ウ　ＣとＤ　　エ　ＤとＥ　　オ　ＥとＦ

解答　イ

解説

東西に引いた直線上に6人が立っているので、Ａの発言から、Ａは東または西方向を向いていることになります。

仮にＡが東向きに立っているものとすると、Ａより東に３人、西に２人立っていることになります。

次に、ＣとＥとＦの発言から、Ａから見て、Ａ・Ｃ・Ｆの順に立っていて、反対側の隣にＥが立っていることがわかります。

すると、Ｄの発言からＢとＤは隣あわせなので、Ａから見てＥの側に立っていることがわかります。さらに、Ｄは東または西方向を向いていることになりますが、Ａとは違う方向を向いているので、Ｄは西を向いていて、ＢはＤより東に立っていることがわかります。

以上から、６人は西から、Ｆ・Ｃ・Ａ・Ｅ・Ｄ・Ｂの順に立っていて、それぞれの発言から、６人の立つ方向は下図のようになります。また、Ａが西向きに立っていたとしても、下図を180°回転させた形になりますので、互いに立っている向きが反対であるのは、選択肢のなかでは「イ」ということになります。

　　←　　↑　　→　　↑　　←　　↓

西 — Ｆ — Ｃ — Ａ — Ｅ — Ｄ — Ｂ — 東

学習パズル

今月号の問題

Q 英語クロスワードパズル

カギを手がかりにクロス面に単語を入れてパズルを完成させましょう。
最後にa～gのマスの文字を順に並べてできる単語を答えてください。

ヨコのカギ（Across）

1 If you ____ this button, the door will open.
3 音楽。楽曲
5 It looks like ____. You had better take an umbrella with you.
7 投げる。ほうる
8 The sun rises in the ____.
11 The sun sets in the ____.
13 with a ____（笑顔で）
14 門。出入り口
15 ⇔man
16 ⇔soft

タテのカギ（Down）

1 場所。立場
2 the organ that sends blood around the body
3 December is the last ____ of the year.
4 a large black bird
6 ⇔false
9 friend ____、leader ____、space ____
10 ⇔end
11 He doesn't ____ television at all.
12 疲れた。くたびれた
13 ____man（雪だるま）

1		f	2		3				4
		5					6d		
					7				
8b		9							
				10		11			12
13		e							
				14		g			
15				c		16			a

応募方法

●必須記入事項

01 クイズの答え　04 学年
02 住所　05 年齢
03 氏名（フリガナ）　06 下のアンケート解答

◎すべての項目にお答えのうえ、ご応募ください。
◎ハガキ・ＦＡＸ・e-mailのいずれかでご応募ください。
◎正解者のなかから抽選で３名の方に図書カードをプレゼントいたします。
◎当選者の発表は本誌2016年6月号誌上の予定です。

●下記のアンケートにお答えください。

A今月号でおもしろかった記事とその理由
B今後、特集してほしい企画
C今後、取り上げてほしい高校など
Dその他、本誌をお読みになっての感想

◆応募締切日 2016年4月15日（当日消印有効）

◆あて先
〒101-0047　東京都千代田区内神田2-4-2
グローバル教育出版　サクセス編集室
FAX：03-5939-6014　e-mail:success15@g-ap.com

2月号学習パズル当選者

全正解者46名

武田　雅俊さん（東京都北区・中3）
佐藤　高虎さん（東京都文京区・中3）
栗原　松哲さん（埼玉県朝霞市・中1）

に挑戦！！

錦《きん》城《じょう》高等学校

問題

図のように，点Oを中心とし直径ABが８㎝の円がある。AO＝ACとなるように点Cを円周上にとり，中心Oを通り弦ACに垂直な直線が円周と交わる点のうち，点Bに近い方をDとする。ABとCDの交点をEとするとき，次の問いに答えなさい。

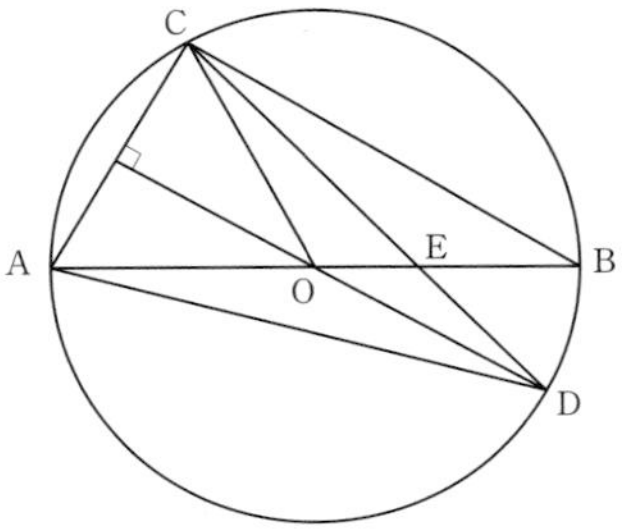

(1) ∠BEDの大きさは［ア］［イ］度である。

(2) OE：EBの比は［ウ］：$\sqrt{［エ］}$である。

(3) △OADの面積は［オ］㎠である。

(4) 四角形ADBCの面積は（［カ］＋［キ］$\sqrt{［ク］}$）㎠である。

解答 (1) ア：4、イ：5 (2) ウ：1、エ：3 (3) オ：4 (4) カ：8、キ：8、ク：3

■ 東京都小平市大沼町5-3-7
■ 西武新宿線「小平駅」徒歩15分、JR中央線「武蔵小金井駅」・西武池袋線「東久留米駅」バス
■ 042-341-0741
■ http://www.kinjo-highschool.ed.jp/

夏休み生徒・保護者対象学校説明会
7月21日（木）～8月30日（火）の火・木・土　10：00より約1時間

入試説明会
10月２日（日）　10：00
10月23日（日）　10：00
11月６日（日）　10：00
11月19日（土）　14：00
11月26日（土）　14：00

個別相談会
12月３日（土）　14：00

文化祭
９月17日（土）・18日（日）

相《さが》模《み》女《じょ》子《し》大《だい》学《がく》高等部

問題

右の図のように，１辺が６の正方形ABCDとおうぎ形ABC，おうぎ形BCDがある。$\overset{\frown}{AC}$と$\overset{\frown}{BD}$の交点をP，CPの延長と辺ADとの交点をE，DPの延長と辺ABとの交点をFとする。このとき，次の問いに答えなさい。ただし，円周率はπとする。

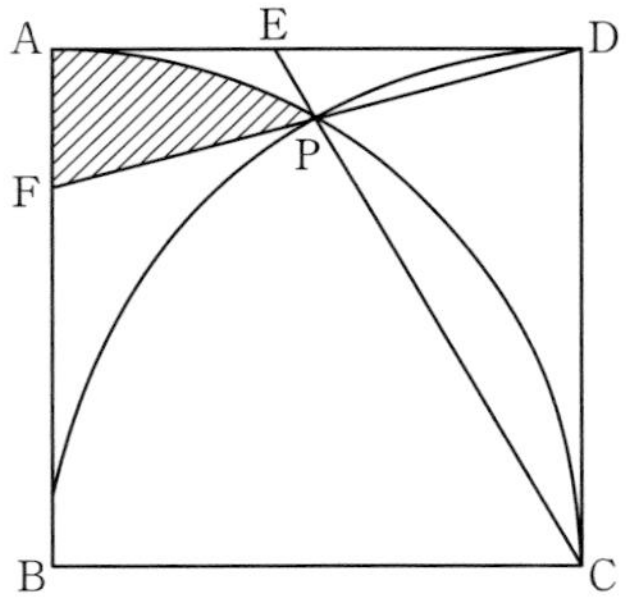

(1) ∠ECBの大きさを求めなさい。

(2) 線分EPの長さを求めなさい。

(3) 線分AF，FP，$\overset{\frown}{AP}$で囲まれた部分（図の斜線部分）の面積を求めなさい。

解答 (1) 60度 (2) $4\sqrt{3}-6$ (3) $9-9\sqrt{3}+3\pi$

■ 神奈川県相模原市南区文京2-1-1
■ 小田急線「相模大野駅」徒歩10分
■ 042-742-1442
■ http://www.sagami-wu.ac.jp/chukou/

オープンスクール
8月27日（土）　9：00

学校説明会
10月29日（土）　14：00
11月26日（土）　14：00
12月３日（土）　14：00
※10/29は授業体験あり

私立高校の入試問題

市《いち》川《かわ》高等学校

■ 千葉県市川市本北方2-38-1
■ 京成線「鬼越駅」徒歩20分、JR総武線・都営新宿線「本八幡駅」・JR武蔵野線「市川大野駅」・JR総武線ほか「西船橋駅」バス
■ 047-339-2681
■ http://www.ichigaku.ac.jp/

高等学校説明会
8月27日（土）10：00
10月30日（日）10：00
11月27日（日）10：00
※詳細は学校ホームページをご覧ください。

問題

半径3cmの球Pと半径5cmの球Qが1点で接してくっついている立体Rがある。2つの球P，Qの中心を結んだ線分を立体Rの中心線と名付ける。この立体Rを円柱に入れる。円柱の内側は底面の半径が6cm，1つの直径をABとし，円柱の高さは36cmである。

立体Rの中心線が常に直径ABの真上になり，また，立体Rと円柱の側面との接点が一方は点Aの真上，他方は点Bの真上になるように，立体Rを円柱に入れる。このとき，次の問いに答えなさい。

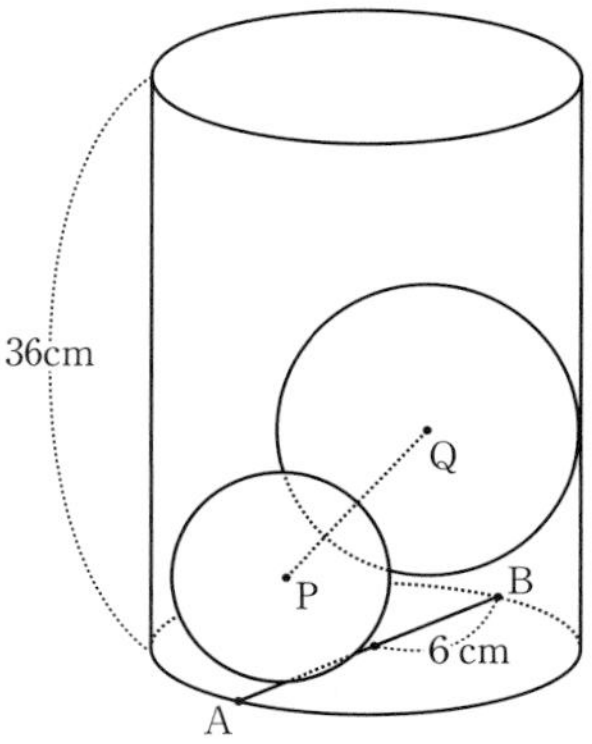

(1) 立体Rを球Pが円柱の底面に接するように入れたとき，底面から立体Rの最も高いところまでの高さを求めなさい。

(2) (1) の立体Rの上に，同じ立体Rを同じ向きに入れたとき，底面から2つめの立体Rの最も高いところまでの高さを求めなさい。

市川高等学校の解答は『サクセス15』編集部で作成しました。

解答 (1) $8+4\sqrt{3}$cm (2) $8+12\sqrt{3}$cm

開《かい》智《ち》未《み》来《らい》高等学校

■ 埼玉県加須市麦倉1238
■ 東武日光線「柳生駅」徒歩20分、JR宇都宮線・東武日光線「栗橋駅」・JR宇都宮線「古河駅」・東武伊勢崎線「加須駅」「羽生駅」「館林駅」・JR高崎線「鴻巣駅」スクールバス
■ 0280-61-2033
■ http://www.kaichimirai.ed.jp/

問題

図のようなAB＝3、BC＝4、∠ABC＝90°である△ABCがある。△ABCの各頂点を通る円の中心をOとし、この円を円Oとする。

辺AC上に点Pをとる。直線BPと円Oの交点のうち、Bでない点をQとする。Qを通りACに平行な直線と円Oの交点のうち、Qでない点をRとする。このとき四角形APQR は平行四辺形となった。

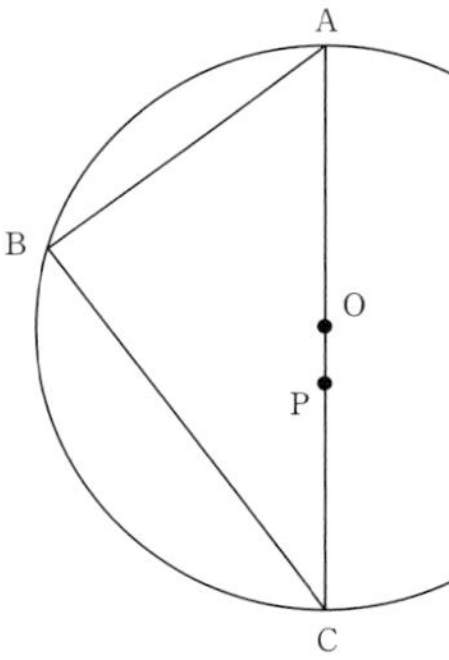

(1) 解答欄の図に点Q、線分BQ、点R、線分QR、線分RAを書き入れなさい。

(2) 直線BQと直線RCの交点をSとする。このとき、∠RSBの大きさを求めなさい。

(3) 線分RQの長さを答えなさい。

(4) 四角形ACQRの面積を答えなさい。

解答 (1)

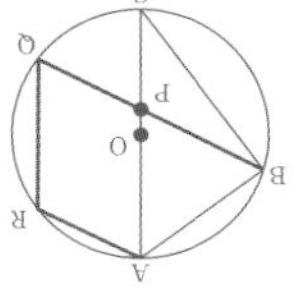

(2) 90° (3) 3 (4) 8

Letter section

みんなの お便りコーナー

サクセス広場

テーマ この世で一番好きなもの

チョコレート。食べ過ぎで鼻血が出ることもあるけどやめられない。ショコラティエになろうかな…。
（中１・R.I.さん）

お風呂あがりに飲む**牛乳**。これほどおいしいものはないと思う。
（中１・この１杯がサイコーさん）

モフモフとしたものです。ペットは飼えないので、かわりにぬいぐるみを集めて日々ストレス解消にモフモフしています。
（中２・私って変？ さん）

布団が大好きです。もう布団さえあれば幸せです。いつか高級羽毛布団を買って、それにくるまれて１日寝てみたいです。
（中２・吉川さん）

カレー！　毎日でも食べたいくらい好きです。いつかインドで本場のカレーを食べるのが夢です。
（中１・バタチキさん）

早稲田アカデミー。自分の志望校を心から応援してくれた大好きな先生たちに出会えました。それに勉強の楽しさを教えてくれました。感謝しかないです。
（中３・早稲アカ魂さん）

テーマ 憧れの職業

宇宙飛行士。宇宙でする実験がおもしろそうだから。
（中２・T.K.さん）

イラストレーター。元々絵を描くのが好きだったんですが、『ハケンアニメ』という小説を読んで、ますますなりたくなっています！
（中１・となりのロトトさん）

映画監督！　エンドロールに自分の名前がバーンと出てくるのってかっこよくないですか？
（中２・キネマンさん）

医者をめざしています。この前「国境なき医師団」のニュースを見て、こんなすごい人たちがいるのかと驚きました。あの人たちのような医者になるために勉強を頑張ります。
（中２・ドクターイトーさん）

本の編集者。読書が大好きなので、出版社に就職したいです。『サクセス15』も隅から隅まで読んでいます！
（中２・J.Y.さん）

パティシエ。近所のケーキ屋のケーキがすごくおいしくて、弟子入りしたいくらいなんです。しかもパティシエさんがすごく美人で、色々な意味で憧れです！
（中２・ショートケーキさん）

映画と英語が好きなので、**翻訳家**になりたいです。
（中２・E.E.さん）

テーマ 春と言えば？

春と言えば**新学期**。新学期といえばクラス替え。仲いい子とか好きな人と同じクラスになれるか、いまからドキドキ！
（中２・梅さん）

春といえば**桜**ですよね～。ウチの近くには桜並木があって、でもあまり知られていないので、お花見の時期も人がそんなにいなくていい感じです。
（中２・サクラザカさん）

花粉症。毎年毎年イヤになる～。「これを飲めば完治する！」っていう特効薬が出てくれればいいのに。
（中１・Y.T.さん）

お花見。毎年、家族と上野にお花見に行きます。父が酔っぱらうのがちょっと嫌だけど毎年楽しみです。
（中２・桜子さん）

必須記入事項

A／テーマ、その理由　B／住所　C／氏名
D／学年　E／ご意見、ご感想など

ハガキ、FAX、メールを下記までどしどしお寄せください！
住所・氏名は正しく書いてください!!
ペンネームは氏名のうしろに（　）で書いてネ！
【例】サク山太郎（サクちゃん）

宛先

〒101-0047　東京都千代田区内神田 2-4-2
グローバル教育出版　サクセス編集室
FAX:03-5939-6014
e-mail:success15@g-ap.com

募集中のテーマ

「あなたの周りの大事件」

「勉強のコツ【英語】」

「好きなアニメ」

応募〆切 2016年4月15日

ここにメールしてね！

success15

ケータイ・スマホから上のQRコードを読み取り、メールすることもできます。

Present!! 掲載された方には抽選で**図書カード**をお届けします！

掲載にあたり一部文章を整理することもございます。個人情報については、図書カードのお届けにのみ使用し、その他の目的では使用いたしません。

世間で注目のイベントを紹介

サクセス イベントスケジュール

3月～4月

チューリップ

春の花として思い浮かべる人も多いチューリップ。原産はトルコだけど、生産国としてはオランダが有名だね。オランダでは食用品種の栽培も盛んで、花や球根が料理に使われている。ただし、園芸用の品種は毒性があるなど食用には向かないので、食べられないよ。

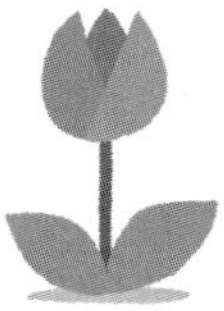

1

2

3

4

5

6

1 幕末の浮世絵ツートップ

― ボストン美術館所蔵 ―

俺たちの国芳 わたしの国貞

3月19日(土)～6月5日(日)

Bunkamura ザ・ミュージアム

幕末の江戸っ子たちに大人気だった２人の浮世絵師、歌川国芳と歌川国貞の作品を紹介する展覧会。国芳は武者絵、国貞は美人画や役者絵と、兄弟弟子でありながら作風の異なる２人の作品を鑑賞することはもちろん、江戸時代の人々と現代の私たちに共通する心情を探る展示構成もユニーク。肩ひじ張らず直感的に楽しめる展覧会だ（P5組10名）。

2 ブラジルを体感しよう！

ブラジルカーニバル 2016

4月8日(金)～4月10日(日)

シンボルプロムナード公園 セントラル広場

今年の夏季五輪（リオデジャネイロオリンピック）開催国として注目されているブラジルの文化を体感できるイベント。シェラスコ（鉄串に肉を刺して炭火で焼く料理）に代表される、普段あまり味わうことのできないブラジル料理の屋台や、サンバをはじめとしたブラジル音楽を楽しめるステージなど、ブラジルの熱気を感じられる充実の内容だ。

3 命がけで守られた秘宝

特別展

黄金のアフガニスタン

― 守りぬかれたシルクロードの秘宝 ―

4月12日(火)～6月19日(日)

東京国立博物館 表慶館

シルクロードの拠点として繁栄し「文明の十字路」と呼ばれたアフガニスタンの古代遺跡から出土した名宝を紹介する展覧会。これらの名宝は、1979年以降の内戦などによる破壊と略奪から守るために、アフガニスタン国立博物館の職員により秘密裏に運び出され、守られていたもの。命がけで守られた秘宝の輝きをぜひ見てほしい（P5組10名）。

4 かわいい！ ネコ雑貨

ニャンフェス3

4月10日(日)

東京都立産業貿易センター台東館5F

ネコが大好きな人にはもちろん、かわいいものが好きな人、手作りが好きな人にもおすすめのイベントがこちら。ネコのイラスト、本、写真、雑貨など、ネコをモチーフにしたオリジナル作品を見て、買うことができる。出店しているのはプロの作家からハンドメイド初心者までさまざま。自分だけのお気に入りのネコ雑貨を探してみよう。

5 新しい「ニッポンの美」

REVALUE NIPPON PROJECT展

中田英寿が出会った日本工芸

4月9日(土)～6月5日(日)

パナソニック 汐留ミュージアム

「REVALUE NIPPON PROJECT」は、元サッカー日本代表の中田英寿による活動で、日本の文化や伝統工芸の価値観を再発見し、その魅力を多くの人に伝えることで、日本文化の継承と発展をめざす取り組みだ。展覧会では、「陶磁器」「和紙」「竹」「型紙」「漆」の素材別に工芸家とクリエーターがコラボレートした作品が展示される（P5組10名）。

6 ラーメン好き女子集合！

ラーメン女子博'16

-Ramen girls Festival-

3月17日(木)～3月21日(月祝)

横浜赤レンガ倉庫 イベント広場

ラーメンファンは男性が多いイメージだけど、女性にもラーメン好きは多い。そんな「ラーメン女子」のための女性に特化したラーメンイベントだ。年間600杯以上のラーメンを食べるラーメン女子代表・森本聡子が厳選した12店舗が集結。色々な特徴で女子の心をくすぐるラーメンが待っているよ。男性も入場できるので、気になった人は行ってみてね。

1 歌川国貞「当世三十弐相 よくうれ相」文政4,5(1821, 22)年頃 Nellie Parney Carter Collection - Bequest of Nellie Parney Carter, 34.489 Photograph ©2015 Museum of Fine Arts, Boston 3「冠」1世紀 ティリヤ・テペ出土、金・トルコ石、アフガニスタン国立博物館蔵 ©NMA / Thierry Ollivier 5「Life size polar bear in papier mache」橋本彰一、片山正通、ＮＩＧＯ® 2011年 一般財団法人 TAKE ACTION FOUNDATION蔵 ©Junichi Takahashi

招待券プレゼント! Pマークのある展覧会・イベントの招待券をプレゼントします。希望する展覧会の名称・住所・氏名・年齢・「サクセス15」を読んでのご意見ご感想を明記のうえ、編集部までお送りください(応募締切2016年4月15日必着 あて先は69ページ参照)。当選の発表は賞品の発送をもってかえさせていただきます。

Success15 fifteen Back Number

サクセス15 バックナンバー好評発売中！

2016 3月号

読めばバッチリ
高校入試の案内板

2015年を振り返る
ニュースの時間

SCHOOL EXPRESS 慶應義塾高

FOCUS ON 神奈川県立光陵

2016 2月号

いよいよ本番！
高校入試総まとめ

中学生のための
検定ガイド

SCHOOL EXPRESS 千葉県立東葛飾

FOCUS ON 中央大学附属

2016 1月号

過去問演習で
ラストスパート

サクラサク
合格必勝アイテム

SCHOOL EXPRESS 東京都立日比谷

FOCUS ON 法政大学高

2015 12月号

世界にはばたけ！
SGH大特集

苦手でも大丈夫!!
国・数・英の楽しみ方

SCHOOL EXPRESS 埼玉県立浦和

FOCUS ON 中央大学高

2015 11月号

高校受験
あと100日の過ごし方

サクセス編集部セレクション
シャーペン・ザ・ベスト10

SCHOOL EXPRESS 東京都立国立

FOCUS ON 國學院大學久我山

2015 10月号

社会と理科の
分野別勉強法

図書館で、
本の世界を旅しよう！

SCHOOL EXPRESS 東京都立戸山

FOCUS ON 明治大学付属中野

2015 9月号

どんな部があるのかな？
高校の文化部紹介

集中力が高まる
8つの方法

SCHOOL EXPRESS 神奈川県立横浜翠嵐

FOCUS ON 中央大学杉並

2015 8月号

夏休み
レベルアップガイド

作ってみよう！
夏バテを防ぐ料理

SCHOOL EXPRESS 早稲田大学本庄高等学院

FOCUS ON 法政大学第二

2015 7月号

参加しよう学校説明会etc
中学生のための手帳活用術

SCHOOL EXPRESS 東京都立西

FOCUS ON 青山学院高等部

2015 6月号

キミもチャレンジしてみよう
高校入試数学問題特集
一度は行ってみたい！世界&日本の世界遺産

SCHOOL EXPRESS 慶應義塾志木

FOCUS ON 公立高校 東京都立富士

2015 5月号

先輩教えて！
合格をつかむための13の質問
数学っておもしろい！　数の不思議

SCHOOL EXPRESS 早稲田大学高等学院

FOCUS ON 公立高校 神奈川県立湘南

2015 4月号

国立・公立・私立
徹底比較2015
東大生オススメブックレビュー

SCHOOL EXPRESS 早稲田実業学校高等部

FOCUS ON 公立高校 神奈川県立横浜緑ケ丘

2015 3月号

もっと知りたい！
高大連携教育
宇宙について学べる施設

SCHOOL EXPRESS 国際基督教大学高

FOCUS ON 公立高校 茨城県立土浦第一

2015 2月号

受験生必見！
入試直前ガイダンス
2014年こんなことがありました

SCHOOL EXPRESS 昭和学院秀英

FOCUS ON 公立高校 東京都立青山

2015 1月号

学年別
冬休みの過ごし方
パワースポットで合格祈願

SCHOOL EXPRESS 慶應義塾湘南藤沢

FOCUS ON 公立高校 千葉県立千葉東

2014 12月号

いまから知ろう！
首都圏難関私立大学
スキマ時間の使い方

SCHOOL EXPRESS 明治大学付属明治

FOCUS ON 公立高校 埼玉県立川越

これより前のバックナンバーはホームページでご覧いただけます（http://success.waseda-ac.net/）

How to order
バックナンバーのお求めは

バックナンバーのご注文は電話・FAX・ホームページにてお受けしております。詳しくは80ページの「information」をご覧ください。

＜コーナー名＞

＜本文中記事＞

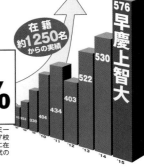

Success15

From Editors

今月号の巻頭特集では国際教養系学部のある大学を紹介しています。色々な取材で大学生に会うと、みなさん留学や国際交流を通して新しい世界を知ったと目を輝かせて話をしてくれます。彼らの話を聞くと、世界に飛び出してみることはとても楽しいことなんだと改めて気づかされます。２つ目の特集は書店員さんによる本の紹介です。「読むと前向きになれる本」とひと口にいっても多彩なジャンルが出そろいました。気に入る本が見つかると嬉しいです。私はつい好みのジャンルばかり読んでしまうので、特集を機に、新しいジャンルにも挑戦しようと思っています。みなさんもまずは読書を通して、新しい世界をのぞいてみてください。（T）

4月号

Next Issue 5月号

Special 1

今年もやります！
難関高校合格者
インタビュー

※特集内容および掲載校は変更されることがあります

Special 2

今日から始める暗記法

SCHOOL EXPRESS

埼玉県立浦和第一女子高等学校

FOCUS ON

東京都立国際高等学校

Information

『サクセス15』は全国の書店にてお買い求めいただけますが、万が一、書店店頭に見当たらない場合は、書店にてご注文いただくか、弊社販売部、もしくはホームページ（右記）よりご注文ください。送料弊社負担にてお送りします。定期購読をご希望いただく場合も、上記と同様の方法でご連絡ください。

Opinion, Impression & etc

本誌をお読みになられてのご感想・ご意見・ご提言などがありましたら、ぜひ当編集室までお声をお寄せください。また、「こんな記事が読みたい」というご要望や、「こういうときはどうしたらいいの」といったご質問などもお待ちしております。今後の参考にさせていただきますので、よろしくお願いいたします。

サクセス編集室お問い合わせ先

TEL : 03-5939-7928　FAX : 03-5939-6014

高校受験ガイドブック 2016④サクセス 15

発行　2016 年 3 月 15 日　初版第一刷発行
発行所　株式会社グローバル教育出版
〒 101-0047 東京都千代田区内神田 2-4-2
ＴＥＬ　03-3253-5944
ＦＡＸ　03-3253-5945
http://success.waseda-ac.net
e-mail　success15@g-ap.com
郵便振替　00130-3-779535
編集　サクセス編集室
編集協力　株式会社 早稲田アカデミー